JN440244

석화 낙지 한사발

석화 낙지 한사발

초판 1쇄 인쇄일 2013년 10월 14일
초판 1쇄 발행일 2013년 10월 21일

지은이 김무환
펴낸이 양옥매
디자인 오현숙
교정 장하나

펴낸곳 도서출판 책과나무
출판등록 제2012-000376
주소 서울특별시 마포구 월드컵북로 44길 37 천지빌딩 3층
대표전화 02.372.1537 **팩스** 02.372.1538
이메일 booknamu2007@naver.com
홈페이지 www.booknamu.com
ISBN 978-89-98528-65-2(03810)

이 도서의 국립중앙도서관 출판시도서목록(CIP)은 서지정보유통지원 시스템 홈페이지(http://seoji.nl.go.kr)와 국가자료공동목록시스템(http://www.nl.go.kr/kolisnet)에서 이용하실 수 있습니다.
(CIP제어번호 : CIP2013020382)

석화 낙지 한사발

김무환 지음

프롤로그

어릴 적에 살던 고향 시골에는 오일장이 열렸다. 시골 장에서나 볼 수 있는 이런저런 정취가 아직도 기억 속에 남아 있지만, 그중에서도 유독 잊히지 않는 풍경이 있다. 그것은 우리 집에서 서너 걸음 떨어진 길가에 자리 잡은 간이 서점이었다.

말이 서점이지 묵은 때가 덕지덕지 붙어 있는 너저분한 멍석 위에 불과 30~40여 권의 책들이 너스러져 있는 길거리 서점이었다. 그러나 그곳은 내게는 너무나 고맙고 값어치 있는 선물과 같은 책방이었다. 장날이 되면 으레 그곳을 기웃거리며 깔려 있는 책들의 제목을 익히는 것만으로도 내겐 큰 즐거움이었기 때문이다.

그런데 그 책 장수는 하루 종일 책 한 권도 못 팔면서(적어도 내가 지켜보는 동안에는 그랬다) 장날이 되면 어김없이 그 자리에 나타나는 것이 의아하게 생각되었다. 기억하건대 그가 팔고 있는 책들은 천자문, 관혼상제 백과, 김삿갓 시집, 봉이 김선달, 명심보감 그리고 삼류 소설 등이었고, 설날 전후의 장날에 책표지에 붉은 선으로 무늬를 새겨 놓은 토정비결 같은 얇은 책이 간혹 한두 권씩 팔리는 것 외에는 시골장꾼들의 시선에서 철저히 외면당하고 있었다.

그러나 그가 책이 팔리는 것에는 아랑곳하지 않고 항상 꾀죄죄한 모습으로 멍석에 쭈그리고 앉아 책 읽기에 몰두하는 모습이 차라리 의연한 선비처럼 보이기도 했다. 아마도 그는 가난한 시대에 태어났지만 책을 가까이하고 학문을 습득하겠다는 신념 하나로 벌이도 시원찮은 책 장사를 시작했는지도 모를 일이다.

그 가난한 책 장수를 - 나는 그가 점심을 먹는 장면을 본 기억이 없다 - 수년 동안 지켜보면서 유년시절의 한때를 보낸 내 마음속엔 책을 읽거나 글을 쓰고 싶은 충동이 함께 싹트고 있었는지도 모를 일이다.

그러나 글 쓰는 재주는 아무나 갖지 못하다는 사실을 대학에 들어가서야 깨닫게 되었다. 의지와 욕망만 가지고는 이룰 수 없다는 진리를 때늦게 터득했던 것이다. 대학 교지에 시나 소설 등이 간간이 발표되기는 했으나 더 이상 진전은 없었다.

직장을 갖는 일이 급선무였기에 글을 쓰는 일이 후순위로 밀려 나갔지만, 글재주는 내게 더 이상 없었다. 그 후 직장을 갖고 나이가 조금씩 들자 평소 생각하고 느낀 바를 남겨 놓고 싶다는 욕구가 서서히 일면서 틈틈이 옮겨 본 것이 보잘것없는 졸작으로 태어났다.

주로 1990년 전후에 쓴 글들이 많아 지금과 동떨어지고 진부한 내용들이 더러 있을 터인즉 그때 그 상황으로 돌아가서 함께 생각해 보면 공감되는 대목들이 있을 것으로 믿는다.

고마운 분들이 많이 계셨다. 이 졸작을 탄생시키느라 여러모로 도와주신 출판사와 격려를 아끼지 않았던 여러 친구들에게 감사를 전한다.

목차

추억의 뒤안길

삶과 여유

미니 시첩

• 제 1 장 •

내 영혼의 뜨락

01

낙엽을 밟으며

엄동설한(嚴冬雪寒)의 모진 고난을 겪고 돋아난 푸른 싹들이 자라나 작열(灼熱)하는 태양(太陽) 아래 청춘을 한껏 구가(謳歌)한다. 이윽고 황금의 계절 가을이 되면 갖가지 색깔을 연출하다가 마침내는 낙엽이라는 슬픈 이름으로 하나둘씩 땅에 떨어진다.

그것을 어느 지우(知友)는 "고독한 영혼의 몸부림"이라고 표현하기도 했다.

낙엽이 떨어진 거리나 산속을 거닐며 느끼는 감회(感懷)는 사람마다 여러 가지 색다른 모습으로 투영되리라. 그러나 한 가지 분명한 것은 그것의 역정(歷程)이 꼭 우리 인생 모습과 닮았다는 것이다.

그래서 사람들은 우리를 닮은 낙엽을 좋아하는 것일까?

지금의 기성세대들은 어린 시절 남녀를 불문하고 한 번쯤은 예쁘게 물든 낙엽을 책갈피 속에 끼워 놓고 매일 매일 바래가는 모습을 바라보는 취미를 가졌던 기억이 있을 것이다.

그러나 그때는 단순한 취미였을 뿐 낙엽 자체에 큰 의미를 느껴 볼 감성(感性)이나 낭만을 갖지 못했던 연령이었기에 낙엽은 낙엽 그 이상의 감흥을 주지 못했다.

그 후 사춘기를 지나면서 그렇게 곱고 아름답던 낙엽들이 어느새 슬픈 영혼처럼 보이면서 센티멘탈한 얼굴을 하고 이 세상의 슬픔과 고독을 혼자서 지고 가는 나그네처럼 공허해 하던 추억이 매년 낙엽을 볼 때마다 새로워진다.

우수수 떨어지는 낙엽을 머리에 이고 오솔길을 거니는 것은 때로는 멋이기도 했고 때로는 우수(憂愁)의 상징이기도 했다.

이러한 "필름"은 조물주가 인간에게 부여한 멋진 선물이 아닌가 한다. 즉, 자연의 섭리(攝理) 속에서 사고와 지혜를 넓혀 가는 계기를 마련해 주고 거기에서 인성(人性)과 지성을 성숙시켜주는 "보이지 않는 손"이라고 말하고 싶다.

그러나 이제 세상살이가 복잡해지고 생존 경쟁이 치열해짐에 따라 우리는 어느새 여유를 잃고 말았다.

특히 자라나는 어린 세대들은 조급한 어른들의 성화에 휩쓸려 정서(情緒)가 겨울의 땔감처럼 메말라 버리고 자연스레 보고 느껴야 할 우주의 조화를 간과(看過)해 버리는 것이 안타깝기만 하다.

물론, 책이라는 학문적인 수단을 통해서는 보다 소상하게 익히고 배우기도 하겠지만, 자연이라는 현실에 직접 뛰어들어 여유와 멋을 익히는 것이 미래를 위한 좋은 투자가 될 것으로 생각한다.

10대들만 보더라도 잡기(雜技)를 익히거나 특수 학원에 가느라 개인의 자유로운 시간이 극히 제한되고 보니, 자연과 호흡하거나 마음을 순화시킬 시간이 없어 숨이 콱콱 막힐 지경일 것이다.

인생에 있어서 학문이나 다른 잡기를 연마하는 것은 그 중요도가 그렇게 크지 않다고 본다. 우리 인생이 자연과 더불어 성장해 나가는 것이라면 어찌 학문을 익히고 잡기를 섭렵하는 것만 중요하다고 할 수 있을 것인가?

이른 아침이라도 좋고 다른 늦은 밤이라도 좋으리라. 공부에 찌든 아이들을 이끌고 가까운 오솔길이나 혹은 가로수 길거리를 거닐 때 낙엽도 밟아 보자. 바스락거리는 소리는 가을의 정취(情趣)요, 머리 위로 떨어지는 낙엽은 계절의 선율(旋律)이니 이처럼 멋진 생활의 입체화(立體畵)가 또 어디 있겠는가?

낙엽은 자신의 몸뚱어리에 있는 모든 에너지를 소진하고는 마침내 흙속으로 묻힌다. 자신의 영혼은 어디론가 훨훨 날려 보내고 언젠가 다시 올 새로운 앞날을 위해 몸을 감추는 것이다.

어찌 이러한 생각들이 아이들의 가슴에 와 닿을까마는 그저 뜻 없이 낙엽이라도 밟게 해 주자.

"시몬"으로 시작되는 구르몽의 시가 없어도 바람 속에 스쳐가는 감성(感性)은 있을 것이며 고엽을 노래하던 이브 몽땅의 목소리가 없어도 따스한 낭만은 가득하리라.

그러다가 바람이라도 쌩쌩 불면 가스등에 묻힌 포장마차에 들러 뜨거운 꼬치 국물을 마시며 깊어가는 가을밤의 정취에 흠뻑 젖어 보자.

수학 공식(公式)처럼 딱딱하고 무미(無味)했던 생활들이 아이들의 가슴 속에서 사라지고 내일을 더욱 값지게 바라볼 수 있는 넉넉한 마음이 자라나리라.

올해도 어김없이 찾아온 만추(晩秋)의 어느 날 낙엽을 밟아보며 문득문득 떠오른 생각들이다.

그리고 이런 시(詩)는 어떤가?

그렇게도 화려했던 기억들은
진눈깨비처럼 떨어지고

이제
나의 길을 가야 해.

영혼은 몸부림으로 치닫고
가냘픈 육신은 차라리 재가 되어
길 잃은 나그네의 발길이 되랴
몸을 떠는 빈자(貧者)의 가슴을 데워주랴.

어둠 속을 거니는 방랑자여
차마 가눌 길 없는 울음을 터뜨리는가

어디선가 눈 여겨 봤던 이 싯귀가 시린 가슴을 달래준다.

1990.11.

02

고독이라는 병

피치 못할 사정이 그렇게 만들었겠지만 남자가 부인 없이 혼자 살고 있는 처지를 홀아비 생활이라 일컫는데, 그의 외롭고 쓸쓸한 생활상은 능히 짐작 간다. 물론 경제적인 뒷받침만 되면 밥 걱정, 빨래 걱정은 해결할 수 있는 세상이지만, 아무리 음식 맛이 정갈하고 빨아 놓은 옷의 감촉이 부드럽다고 하더라도 어찌 마누라의 그것과 비길 수가 있으랴.

과부라고 일컫는 홀어미의 경우도 마찬가지이다. 아무리 속을 태우고 난봉을 부렸던 지아비였어도 없으면 아쉬운 법, 텅 빈 마음과 밀물처럼 밀려오는 한밤의 고독감을 그 무엇으로 채울 수가 있겠는가.

또한 이 세상에 누구에게도 의지할 곳 없는 고아의 경우라면 그의 외로움이란 필설(筆舌)로 형언할 수 없으리만치 심각하여 둥지 잃은 어린 새와 같이 끝없는 방황과 슬픔이 교차될 것이며 사랑을 갈구하는 애틋한 심경이 하루도 가시지 않으리라.

그리고 늙도록 슬하에 딸자식 하나 없이 죽을 때까지 자신의 그림

자와 같이 암울한 생활을 해야 하는 노부부를 연상하면 이들의 외로움과 쓸쓸함이 오죽할까 싶어 눈물까지 핑 도는 기분이다.

이러한 네 가지 경우를 통틀어서 환과고독(鰥寡孤獨)이라 하며, 아주 외롭고 쓸쓸한 처지를 뜻하는 말이다.

그것 말고도 삼백예순날을 하루같이 고독을 벗 삼아 살아가는 사람이 있는데 그는 이름 하여 등대지기이다.

눈앞에 보이는 것은 손바닥만 한 섬에 사랑으로는 끝없는 바다뿐이요, 들리는 것이라고는 세차게 몰아치는 파도소리 물새들의 울음소리뿐, 그래서 차라리 이들을 벗 삼아 뱃길을 밝혀 주는 그의 의지는 가히 초인의 경지라 해도 지나친 표현은 아니리라.

우리는 흔히 고독이라는 말을 자주 쓰며 때로는 자기 자신이 이 세상에서 가장 고독한 사람이라고 호소하는 경우를 본다. 위에 예를 든 고독의 유형(類型)은 우리가 능히 공감할 수 있는 외형적인 고독이라 할 수 있다.

이러한 외형적인 것은 시간이 해결해 준다. 다시 말하면 처음에는 견딜 수 없도록 고통스러운 외로움과 쓸쓸함이 세월이 흐름에 따라 자신들의 특성에 맞춰 승화되고 마침내는 초연한 경지에 이르러 그 고독을 뿌리치는 갖가지 요령을 스스로 터득하게 되는 것이다. 그리하여 그들은 마침내 어떤 유명한 정신과 의사보다 더 철저하게 더 현실적으로 그 고독의 뿌리를 치유하는 묘방을 갖게 되는 것이다.

그러나 외관적으로는 전혀 그렇게 보이지 않은 사람이 고독이라는 멍에를 지고 신음하고 있는 예를 볼 수 있는데, 이것이 이른바 정신적 고독이다.

남부럽지 않은 살림살이에 사회적인 지위를 굳힌 당당한 남편과 별 탈 없이 자라나서 공부도 잘하는 떳떳한 자식을 두었음에도 넋을 잃고 외로워하는 주부가 있다. 남들이 보기에는 고독해 보이기는커녕 부러워서 시샘이 날 정도임에도 그녀에게는 항상 고독이라는 이해 못 할 이 낱말이 주위를 떠나지 않고 있는 것이다. 그 이유인즉 날이 새면 밖으로 나가 밤이 깊어야 돌아와서는 자리에 들기가 무섭게 곯아떨어지는 남편, 어릴 때는 애지중지 돌보았건만 이제는 모두들 컸다고 어미를 거들떠보지도 않은 얄미운 자식들, 덩그러니 빈집에서 매일 홀로 앉아 외로움을 씹고 있다는 것이다.

그토록 남들이 부러워하는 남편과 대견한 자식들이 있건만 모두들 자기 곁에서 훨훨 떠나 버리고 누구에겐가 빼앗겨 버린 허전함이 허공에서 맴돌고 끝없는 방황 길로 접어드는 주부들의 예를 TV드라마에서도 볼 수 있듯이 그야말로 그들은 화려한 고독에서 헤어나지 못하고 있다.

아이들도 사정은 마찬가지다. 공부가 무엇인지. 왜 어른들은 공부만 고집 하는가. 눈만 뜨면 공부를 외치는 부모 등쌀에 친구와의 우정도 내던져야 하고 가족 간의 오붓한 시간도 갖지 못하며 오직 책과 씨름만 해야 하니 메말라 버린 정서가 고독으로 치달아 자신을 잃고 방황하는 10대의 고독도 있다.

직장인들은 또 어떤가. 어렵게 들어간 대학, 어렵게 뚫은 직장의 문에 발을 내딛기 바쁘게 다시 부딪쳐야 하는 치열한 경쟁에 매몰되고, 예외 없이 맞아 들여야 하는 좌절과 방황의 길목에서 자신감을 잃어가고 있다. 마침내는 출세와 명예의 허상(虛像), 초라한 현실과 이상의 괴리감에 좌표를 잃고 쓸쓸해하는 직장인의 고독도 있다.

보다 더 고차원적인 고독의 모습도 있다. 삶의 의미는 무엇인가. 우리는 무엇으로 살아가야 하는가. 어떻게 살아가는 것이 진실한 모습인가. 행복, 가진 자, 못 가진 자를 어떻게 설명하여야 하는가. 이처럼 끝없는 자신과의 물음 속에서 마침내 해답을 얻지 못하고 좌절감에 빠져 방황한다. 때로는 목숨마저 던져버리는 고독의 극치를 우리는 가끔 본다.

그러나 한 시대뿐만 아니라 지금도 우리들의 입에 회자하는 위인들도 예외는 아니었다.

젊은 시절을 비교적 순탄하게 보내던 독일의 시인이요, 철학자인 니체도 말년에는 고독 속에서 방황하다가 마침내 정신 이상으로 세상을 뜨는데, 그가 느낀 고독의 깊이와 의미를 우리 같은 범인(凡人)이 어찌 알 수가 있으랴마는 고독이 무서운 병인 것만은 짐작할 수 있다.

이러한 정신적 외형적 고독이라는 바탕을 가만히 들여다보면 우리는 한 가지 공통점을 발견할 수 있는데, 그것은 모두 고독의 동기가 자신에게서 비롯되었다는 사실이다. 고독에는 나 아닌 타인이 존재하지 않는다. 거기에는 타인과의 대화가 두절된 까닭에 그 무서운 병을 자초하는 것이 아닌가 생각을 해 본다. 그래서 국내 어느 학자는 고독이라는 병을 죽음에 이르는 병이라고 진단한 적이 있는데, 이 고독을 치유하는 길은 타인과의 꾸준한 접촉과 대화가 아닌가 생각한다.

한 예로 70 평생을 살면서 그 흔한 저서 하나 남기지 않은 희대의 철인(哲人) 소크라테스도 고독을 치유키 위하여 타인과 끊임없는 대화를 시도한 위인이 아닌가 싶다. 짜부라진 사자코에 두 눈알마저 튀어나온 그는 잠을 자는 일 외에는 밖으로 나와 남녀노소 가릴 것 없이 대화를 계속한다. 이러한 그의 행동에 화가 난 그의 처가 못마땅하여 잔소리를 해대고 악처로 변한 것인지는 몰라도 그는 많은 시간을 타인들과의 대화에 할애했다.

그의 처의 이름이 Xanthippe(크산티페)였다는데, 지금은 이 뜻이 악처 혹은 잔소리가 많은 여자로 사용되고 있을 정도이니 소크라테스의 고충이 어느 정도였는지 알 것 같다.

각설하고 오늘을 살아가는 현대인들이여! 시간에 구애 받지 말고 꾸준히 대화를 하자.

외로움과 공허감에 지친 주부들은 문득 밖으로 나와 무작정 기차를 타도 좋다. 기차의 좌석 옆에 앉은 – 그 대상은 누구든지 좋다. – 사람과 이야기를 나누고 어느 이름 모르는 시골 역에 내려 재래시장을 거닐며 물건값을 흥정해도 좋다. 그것이 곧 대화, 자연스러운 대화가 되는 것이다.

공부에 지친 젊은 학생은 당분간 모든 것을 잊고 친구와 선배를 혹은 선생님을 만나라. 그러면 현실과 미래에 묻혀 있는 의문의 싹을 알 수가 있을 것이고 자신을 눌러 온 외로움의 터널에서 빠져나갈 수가 있을 것이다.

갈등 속에 방황하는 직장인이라면 어느 날 문득 포장마차에라도 들려 다정스런 아줌마의 물에 젖은 손목을 잡으라. 그 손목 속에는 매일같이 무수히 거쳐 간 보통 사람들의 이야기와 흔적이 남겨져 있을 것인즉, 나는 결코 외롭지 않다는 것을 자연 터득하게 될 것이다.

한 번으로 끝날 일이 아니다. 두 번, 세 번 자꾸 반복하면 그대들의 그 병은 자연히 알게 모르게 치유가 될 것이니 더 이상 두려움에 몸을 떨 필요가 없는 것이다. 이것이 돈으로도 살 수 없는 묘약 중의 묘약이다.

중요한 것은 우리는 이러한 고독이라는 병과 싸워 이겨야 한다.

불치의 병에 걸린 환자라도 굽힐 줄 모르는 집념과 의지로 모진 병마(病魔)와 싸워 본래의 건강을 되찾는 경우를 볼 수 있듯이 우리 인간은 누구나 한 번쯤 찾아드는 이 고독의 병마와 싸워 이겨야 하는 것이다. 거기에는 예외(例外)와 온상(溫床)이 있을 수 없다. 그러는 와중에 어느 날 우리는 훨씬 성숙해져 있는 자신의 모습을 발견하고 차라리 의젓해질 수 있을 것이다.

그 후 어떠한 무서운 고독과 맞부닥치더라도 의연한 모습으로 대처해 나갈 수 있는 면역력을 갖게 될 것이며, 자신이 겪은 번뇌의 깊이만큼 성숙해지는 것이다.

고독은, 인생의 어느 날 길목을 막고 서 있는 피할 수 없는 동행(同行)이며, 끊임없는 대화를 통해 친숙해지는 우리들의 보이지 않은 친구이기도 하다.

1991. 12.

03

행복에 대하여

행복의 기준은 어디에 두는 것일까?

부(富), 권력, 명예?

과연 이런 것들이 행복의 기준이 될 수 있을까?

몇 해 전 입적(入籍)하신 법정 스님은 무소유(無所有)라는 저서에서 가진 것은 항상 무거운 짐이 되어 어깨를 짓누르는 납덩어리와 같다는 진리를 설명하였다.

그는 어느 지인(知人)으로부터 선물로 받은 난(蘭) 화분으로 인하여 많은 심적 부담을 견디기가 어려웠다고 실토하였다.

며칠간 출타를 했는데 밀려드는 걱정, 혹시 강한 햇살 때문에 잎이 고통을 겪지 않을까 아니면 수분이 부족하여 시들지는 않을까 등등 집착이 지나쳐 잠자리에서는 전전반측하는 일이 잦았다고 했다. 결국 그는 화분을 누군가에게 줘버렸다고 했다.

이러한 사소한 난 화분마저 무거운 짐이 되어 부담을 주는데 돈과 권력 명예는 오죽하겠는가? 부를 가지면 가질수록 더 큰 욕심이 쌓이고, 또한 그것을 지키기 위해 얼마나 많은 심적 고통을 떠안게 되겠는가. 권력과 명예도 마찬가지리라.

우리 인생은 때가 되면 어느 누구도 죽음 앞에 예외는 없다. 어떤 서열이나 특혜가 전혀 없이 눈을 감게 되고 한 줌의 흙이 될 뿐 가지고 갈 수 있는 것은 아무것도 없다.

서양 격언에서도 "행복은 만족에 있다"고 했다.

이 말을 바꾸면 행복은 마음먹기에 달려 있다는 뜻이리라.

대궐 같은 집이나 호화로운 곳에서 호의호식하지 못하더라도 우리는 언제 어디에서나 소박한 행복을 누릴 수 있고 직접 느낄 수도 있다. 마음이 중요하다는 뜻이다.

얼마 전 라디오에서 행복에 대한 정의를 들은 바 있다. 유명한 여자 스님의 말이었다.

"행복은 과잉과 부족의 중간에 위치한 작은 간이역이다."

그렇다 정말 가슴에 와 닿는 표현이 아닌가?

넘치지도 않고 모자라지도 않고, 그렇다고 긴 머무름 없이 잠깐 스쳐 가는 간이역 – 이것이 진정한 행복의 의미가 아닌가?

천하를 호령했던 알렉산더와 나폴레옹도 행복했던 순간은 일생동안 불과 몇 시간 정도였다고 술회했다고 전해진다.

행복은 잠깐 스쳐 가는 간이역일 뿐 아니라 비운 자의 마음속에만 존재하는 따스한 햇살이 아닐까?

2011. 3.

04

기도, 너무 이기적인 기도는 하지 말자

티베트라는 나라를 생각해 본 적 있는가?

평균 고도(高度)가 4,000미터를 넘어 이런 지형에 익숙하지 않은 사람은 숨쉬기조차 힘든 곳이다.(물론 주민들은 낮은 곳에서 살고 있기는 하지만) 또한 중국이 직 · 간접으로 통치하고 있어(중국의 서강성에 편입되어 있다 함) 국민들의 저항이 만만치 않다. 특히 노벨 평화상을 받은 달라이 라마를 정신적 지주로 삼아 중국에 끊임없이 저항하고 있으나 아직도 그들의 고단한 삶은 녹록지가 않다.(2010년 기준, 국민 소득 1,200달러 선)

중국이 티베트에 끈질기게 집착하고 있는 이유는 대개 2가지의 전략적인 이유가 있다 한다.

첫째 티베트는 인도와 인접해 있어 군사적인 전략 요충지에 있기 때문이고, 둘째 티베트에는 70여 종이 넘는 수많은 천연자원이 풍부하게 매장되어 있어 무한한 경제적 가치가 있는 까닭이라 한다.

그러나 티베트를 여행해 본 사람의 감상은 우리의 예상을 뒤엎는다. 가난과 속박, 억압 등의 굴레에서 벗어나지 못했지만 그들의 얼굴은 밝고 환한 미소로 가득 차 있다고 한다.

그 이유는 무엇일까?

그들은 늘 자신이 아닌 타인을 위해 기도하기 때문이라 한다. 자신이 아닌 타인의 행복과 건강을 위해 기도함으로써 늘 평온한 마음을 유지한다는 것이다. 이렇게 기도하면 종국에는 그 기도의 효력이 자신들에게 돌아오지 않겠는가. 아무튼 타인을 위해 기도한다는 것, 이것은 정말 위대한 일이다. 자신을 버리는 것은 희생이요 또한 숭고한 일이다.

우리 사회에서도 많은 사람들이 기도하는 모습을 볼 수 있다. 물론 그들도 진지하고 신성하게 기도하리라 믿는다. 때로는 자신을 반성하고 불우한 이웃에 대한 축복을 기원하면서.

그러나 나는 아직 기도를 해 본 기억이 별로 없다.

첫째 이유로는 신봉하는 종교가 없기 때문이다. 나름대로 소망 없는 사람이 어디 있겠느냐마는 그 소망을 기도에 의지한다는 것은 염치없는 일이 아닌가 싶다. 종교도 없으면서 자신이 필요할 때만 소원을 비는 것은 너무 뻔뻔한 일이 아닐까 싶다.

둘째 이유는 기도 자체가 때로는 너무 이기적이라 믿기 때문이다. 기도하는 사람의 면면을 들여다볼 수는 없겠지만, 그중 일부는 자신의 경제적 욕망이나 자식들의 문제에 너무 집착하는 것 아닌가 싶어서다. 이것은 결국 경쟁적 관계에 있는 타인을 이겨야 이루어질 일들도 있다면 지나친 이기심이 아닌가. 승려이자 미국 햄프셔 대학 교수인 혜민 스님은 어느 신문 기고란에서 다음과 같이 설파한 바 있다.

"가족이나 자신에 대한 기도는 필요하다. 그러나 누군가 어려움에 처했을 때 그것을 극복할 수 있는 용기와 지혜를 달라고 기도하라."

너무 이기적인 기도는 그 뜻이 아무리 거창할지라도 이루어지지 않을 것이고, 또한 그런 기도는 자제해야 옳을 줄 안다.

2013. 6.

05

아름다움에 대한 소고

공자께서 제자인 증자에게 가르친 구절이 있다.

신체발부 수지부모(身體髮膚 受之父母) 불감훼상 효지시야(不敢毁傷 孝之始也) 풀이하면 우리의 몸과, 모발, 피부는 부모로부터 받은 것인즉 이를 감히 훼손하거나 다치지 않는 것이 효도의 시작이다.

아니, 지금 시대가 어떤 시대인데, 이런 케케묵은 말을 꺼내는 것이 가당키나 할 것이냐고 모두들 돌팔매질을 해도 할 말은 없다.

그렇다. 아름다움을 추구하기 위해 쌍꺼풀과 주름살 펴는 수술은 기본이고 이마나 코, 턱, 가슴 등에 칼을 대는 일이 일상화된 요즘 이런 고리타분한 문자를 들이대니 기가 막힐 노릇이리라. 특히 젊은 층들에겐.

그러나 잠깐 흥분을 가라앉히고 짚어 볼 일이 있다.

일부 젊은 여성, 연예인은 물론이고 어린 여학생들마저 아름다움에 눈이 멀어 성형외과 문턱을 수없이 들락거린다는 오늘의 현실을 과연 정상적인 것으로 볼 수 있을까?

아름답고 젊어지려는 욕구는 남녀노소 누구에게나 있으며 이것은 자연스런 본능이기도 하다.

그러나 그 정도가 너무 심하다는 데 문제가 있다.

요즘 방송국이나 드라마 제작자들은 중장년 역할을 소화할 중견 여배우 캐스팅에 고민이 많다고 한다. 그 이유인즉 5~60대의 연기자들 상당수가 3~40대의 젊은 모습으로 변신되어 있다 보니 첨단화된 분장술로도 어색한 화면을 커버하기 어렵기 때문이라 한다.

이런 사태를 초래한 데는 매스컴의 잘못도 크다. 특히 겉모습만 너무 부각해 얼짱, 몸짱, 에스라인, 브이라인 등등 사전에도 없는 신조어까지 등장시켜 외모 중시 풍조를 자극하고 있다.

어느 외국의 원로 여배우는 이렇게 설파한 바가 있다.

"연기는 아름다운 얼굴로 하는 것이 아니다. 특히 나이가 들수록 내면의 진실을 연기해야 한다." 옳은 말이다. 1964년 영화 〈전당포〉로 데뷔한 흑인 배우 모건 프리먼(1937년생)의 연기는 얼마나 감동적인가. 백발에 논두렁 같은 주름살의 얼굴 – 그러나 이 노배우의 연기는 소박하면서도 꾸밈없고 때로는 열정적이지 않았던가?

다시 되돌아가서, 성형 수술은 필요하다. 선천적 혹은 후천적인 요인으로 부적절하거나 혐오감이 드는 부위에 시술하는 것에 누가 시비를 걸겠는가?

그러나 그것이 너무 심해 중독이 되는 여성들이 늘어가고 있으니 문제가 심각하다.

빼어난 몸매와 아름다운 용모는 신이 내린 축복이다. 그러나 결코 이것이 아름다움의 전부는 아니다. 진정한 아름다움은 무엇인가? 겉모습이 아닌 우리 인간 내면에 잠재된 소박한 심성이 아닐까?

가슴 속에 배어 있는 순수한 마음, 어려운 이웃과 아픔을 나눌 수 있는 따뜻한 마음, 자신을 버리고 남을 끌어안는 넉넉한 배려심. 결국 겉모습이 아닌 영혼과 내면의 진솔한 모습이 진정 우리가 추구해야 할 아름다움이 아닐까?

2012. 3.

06

질투의 당위성(當爲性)

과학적으로 다듬어진 우리 한글의 값어치는 우리 후손들에게 길이길이 자랑거리로 남을 것임이 틀림없다. 수년 동안 집념을 버리지 않으시고 마침내 나라말을 제정하신 세종대왕의 위업 역시 영구히 보전되어야 함은 일러 무삼 하리오.

그러나 우리가 사용하고 있는 낱말 중에 그 바탕은 한자에서 비롯된 것이 상당히 많다.

대부분의 한자가 그러하듯이 그것의 구성체를 분석해 보면 한자를 만든 중국인의 지혜와 기지(機智)에는 탄성이 나올 정도이다.

질투(嫉妬)라는 한자는 가만히 들여다보면 질 자와 투 자 모두 계집녀(女)를 변으로 쓰고 있고 오른쪽에는 질병을 말하는 질(疾)과 돌(石)을 두고 있는데 우리는 여기에서 재미있는 사실을 알게 된다.

즉, 질투라는 것은 여자들의 전유물(?)로 질병, 곧 병적(病的)인 것이며 한편으로는 돌과 같은 하잘것없는 것이면서도 우리 생활에 긴요한 구실을 하는 것 – 돌은 우리 인류에게 보이게, 또는 보이지 않게 많은 역할을 하고 있다 – 으로 설명되고 있는 것이다.

유교 사상을 주축으로 한 남존여비 색채가 짙었던 시대에는 부녀자가 버려야 할 칠거지악(七去之惡)에 질투가 끼어 있는데, 그것을 보는 현대 여성들의 심경은 어떠할까?

고대 중국과 중국의 문화권에 있던 우리 선조들은 남정네들의 권위를 바탕으로 하는 남존여비 사상에 길들어 여인의 질투를 죄악시하고 있었던 것이다.

자손을 생산 못 하는 책임은 – 그것을 체크해 볼 방도는 물론 없었다. – 아예 여자 탓으로 돌려놓고 얼씨구 좋다하며 새로운 부인을 거느리는 남정네의 모습을 보고 울화가 치밀지 않을 부처 같은 여인이 과연 얼마나 되었을까? 하기야 속으로는 분노와 질투의 거품이 부글부글 끓고 있었겠지만, 겉으로는 태연함을 가장해야 한다. 그렇지 않으면 보따리를 챙겨 그 집에서 쫓겨나야 했으니 현대를 살아가는 지금의 여성들에게는 차라리 냉소의 시각으로 투영되고 있으리라.

결국 여자들로 하여금 질투와 시기(猜忌)를 느끼도록 여건(與件)을 만들어 놓고는 질투라는 한자에 "女" 자를 넣어 질투가 여자들의 전유물이라고 뒤집어씌운 남자들의 계략에 속절없이 말려들고 말았다.

그러나 그리스 신화에서 보듯이 역시 질투는 여인네들로부터 비롯됨을 알 수 있다.

제우스는 부인인 헤라를 두고도 많은 여인을 사랑하는데, 그중 이오에게 더욱 진한 사랑을 준다. 제우스와 헤라가 싸울 때는 천둥과 번개로 하늘이 떠들썩해 모든 이들이 두려워하였다 하니 헤라의 질투는 짐작이 간다. 이러한 헤라의 질투에 제우스는 이오를 흰 암소로 변신시키는데, 결국 질투에 희생된 셈이다.

물론 여기에서도 질투의 원인 제공을 한 책임은 남자에게 있으니 여인들의 분노의 소리가 이곳저곳에서 들리는 듯하다.

원래 질투는 성적(性的)인 질투, 즉 사랑싸움에 그 근원을 두고 있지만 타인의 명예나 지위 혹은 부(富)에 대해 느끼는 비사회적 질투도 있다. 쉽게 이야기해서 남이 잘되는 것에 대한 부러움이 도(度)를 지나쳐 종국에는 질투로 변하는 것인바 나도 이러한 질투심을 행동으로 극복한 역사가 있는데, 그 이야기는 이러하다.

공부하기가 죽기보다 싫은 때가 있었다. 중학교 1학년 즈음이었는데, 시골 길을 매일같이 통학하던 학우가 어느 날 아침 조회 시간에 교장 선생님으로부터 표창을 받는 것이 아닌가! 성적이 향상된 데 대한 격려의 표창이었다.

예나 지금이나 변하지 않는 진리이듯이 성적이라는 것은 자신이 노력한 대가임에도 불구하고 당시 철부지 소년은 무작정 그 학우에 대한 질투심을 갖게 되었다. 스스로 공부에 마음을 두지 않은 것은 생각을 못 하고 평소에 자신보다 성적이 다소 처져 있던 학우가 급성장을 하게 되자 못난 자존심이 발동하고 당혹감마저 일게 된 못난 질투심이었다. 소년은 속으로 칼을 갈기 시작했다. 그래! 좋다. 다음 기회를 보자. 얼마 후 시험일이 다가왔을 때, 소년은 약국에 가서 남몰래 잠을 쫓는 약을 – 아마 약명(藥名)이 "카페나"였던가? – 사서 먹고 밤샘을 하면서 시험에 대비했었다. 물론 좋은 성적이 나오기 했으나 사내대장부치고는 떳떳지 못한 질투의 소산물(所産物)이었다. 즉, 공부를 하게 된 동기가 자신의 성적을 향상시키기 위한 순수성에서가 아니고 남의 뛰어남을 시기하여 그의 기(氣)를 꺾기 위한 어리석음에서 비롯되었으니 지금 생각하면 한심스럽기 그지없다.

그러나 이러한 질투는 남에게 피해를 주지 않았으므로 적어도 비난받을 일은 아니었다. 비록 한순간 상대방을 미워하기는(?) 했어도 그에게 가시적(可視的)인 해를 끼치지는 않았다.

사랑에 대한 질투가 지나쳐 살인하거나 무서운 죄를 저지르는 사례들을 우리는 종종 본다. 또한 남의 잘됨을 시기하여 터무니없는 무고(誣告)를 하거나 특유의 방법으로 상대방에게 피해를 주는 극치의 "비인간적 질투"도 신문의 사회면에 심심찮게 등장한다. 이러한 극단적인 질투는 인류에게는 분명히 없어져야 할 죄악이다.

그러나 선의(善意)의 질투심마저 우리 인간에게 없어진다면, 우리 스스로 인간이기를 포기하는 무미건조한 생활이 계속되지 않을까 싶다. 즉, 부부나 연인들 사이에 질투가 없다면 사랑이라는 낱말이 아주 의미가 없는 물방울로 추락하고 말 것이요, 학교나 직장에 있는 현대인들에게 적절한 질투가 없다면 자기 발전에 대한 행보(行步)가 뒤처지게 될 것이기에 적절한 질투는 부부와 연인 사이에 더욱 사랑을 확인할 수 있는 촉매제가 될 것이고, 직장인에게는 자신의 발전을 재촉하는 채찍이 될 것이다.

따라서 질투라는 것은 돌과 같이 버려야 할 때는 버리되 요긴한 곳에서는 더욱 자신의 진가를 발휘하듯이 남녀를 구별 않고 우리 인간에게 없어서는 안 될 필요악이다. 이에 질투는 적절한 구사를 필요로 하는 요술 단지이니, 너무 지나쳐도 안 될 것이요, 또한 너무 미흡(未洽)해도 안 될 것이다. 이제 질투는 여성들만의 전유물이 아님이 입증된바 한자도 바뀌어야 된다고 생뚱맞은 생각을 해 본다. 즉, 계집녀 변 대신에 사람인 변으로 고쳐 쓰자고.

1995. 10.

07

서로를 미워하는 미운 사람들을 위하여

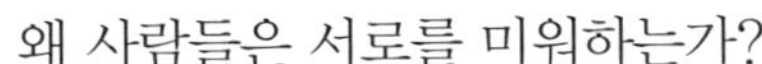

왜 사람들은 서로를 미워하는가?

가장 큰 이유는 이해관계에 얽힌 복잡한 사정 때문일 것이고 다음으로는 감정이 서로 맞지 않음으로써 야기되는 상반된 의식 때문일 것이다.

명문 대학을 졸업하고 수년간 옥고를 치르면서 민주화 운동에 앞장섰으며, 지역 사회 발전을 위해 밤낮을 기리지 않았다는 훌륭한 분들이 선거철만 되면 굽실거리면서 한 표 지지를 호소한다. 그리고 선량으로 국회로 입문한다. 그곳에는 가히 우리 사회의 엘리트라고 자타가 공인하는 수많은 선량들이 모이는 곳이다. 그런데 국회가 문을 열면 기다렸다는 듯이 멱살을 잡고 혹은 삿대질을 해대며 심지어는 입에 담지 못할 욕설까지 서슴지 않는다.

그렇게도 훌륭하고 존경스러운 분들이 왜 그렇게 서로 미워하고 교양을 헌신짝 버리듯이 팽개치는 것일까?

물론 때로는 정책에 대한 의견 대립으로 싸움 아닌 싸움을 할 수도 있다. 즉, 거대 여당의 일방적인 독주로 인하여 힘에 부치게 되고 분이 넘쳐 감정이 폭발하게 되는 경우다.

그러나 대세에 지장이 전혀 없는 아주 사소한 의견차이나 가벼운 문제로 서로를 반목질시하고 있는 경우도 많이 본다. 하기야 같은 정당 안에서도 정적과 계파 간에 묘한 갈등과 적대감이 흐르고 있는 판국에 뜻을 달리하는 정당끼리야 말할 것도 없으리라.

그러나 이들 모두에게도 잘못이 있다. 우선 선입견부터 상대를 적으로 의식하고 있으며, 만약 목소리가 낮으면 무능력하고 볼 일 없는 하찮은 존재로 전락해 버릴까 두려워하는 것이다. 여기에 차기의 선택에서 제외될 것이라는 강박관념과 자신감 부족 때문에 목소리를 높이고 자신의 존재를 부각시키려 든다. 그러나 이처럼 상대를 미워하지 않고도 얼마든지 개선장군이 될 수 있다. 그것은 다름 아닌 자신의 확실한 신념을 유지하는 일이다.

곱게 차린 부인과 가게 주인 간에 시비가 벌어졌다. 처음에는 가게 주인도 상냥하게 손님을 맞이하였으리라. 그러나 이 물건 저 물건 죄다 꺼내게 해 놓고 소리 없이 가게 문을 나서는 바람에 눈이 뒤집혀 버린 것이다. 손님에게도 문제는 있는 것 같다. 마음에 드는 물건이 없으니 다음에 꼭 들르겠노라고 양해를 구하고 가벼운 미소라도 지었으면 그토록 험악한 장면은 없었을 것을. 그러나 이미 엎질러진 물이다. 서로가 괘씸하다는 듯 눈에 쌍심지를 켜며 입에서 거품을 토한다. 왜 이토록 서로를 미워하는가?

이렇게 서로를 미워하는 사람들이 정말 미워진다. 인간은 감정의 동물이다. 그러기에 순간적으로 흥분할 수 있고 남을 무시한 독선을 할 수도 있다.

그러나 그 순간 피해를 보았다고 생각지 말고 다시 한 번 마음을 억누르자. 그리고 따뜻한 사랑의 이름으로 상대를 이해하자. 누구나 다 마찬가지 듯이 인간은 어차피 죽을 때까지도 미완성의 동물이 아니던가. 따라서 잘못을 잘못으로 인지(認知)할 수 있다면 그는 이미 잘못이 없어진 것이다. 이것을 터득하면 미움이 사라진다. 남을 사랑하고 안을 수 있는 여유가 생기는 것이다. 그들을 위하여 그리고 아직도 턱없이 부족한 나를 위하여 이런 詩를 써 본다.

우리가 가을 낙엽을 사랑하듯이
우리가 코스모스 향기를 소중히 하듯이
우리가 코발트 하늘을 경탄하듯이
그렇게 서로를 사랑하자
그렇게 서로를 소중히 하자
그렇게 서로를 우러러 보자

때로는 무서운 고독에서
때로는 텅 비어 버린 가슴 속에서
때로는 쫓길 듯한 염려가 밀려오면

바다로 나가자

하얀 포말 그 위로 나래를 펴고

우리의 고독을
우리의 공허함을
그렇게 그렇게 사랑하자
우리의 염려를 떨쳐 버리자

그리하여
해변의 모래톱 속의 조가비처럼

영혼을 달래 주는
사랑을 일깨워 주는
기쁨을 안겨 주는

영롱한 그를 닮아 가자
그렇게 그렇게 사랑하자

1990. 2.

08

수상의 분노가 웃음으로

일찍이 우리나라만큼 권력을 앞세워 부를 축적하거나 자신들의 편의를 도모하는 세력이 많은 나라도 없을 것이다.

기억조차 하기 싫은 소위 5공 시절의 엄청난 권력형 비리 사건 등은 차치하고라도 아직도 듣기 거북한 사례들이 매일 매스컴에 회자되고 있다. 민주화가 서서히 진행되고 있다는데도 소위 민초의 대변인이라고 자처하는 기초의원에서부터 국회의원에 이르기까지 권력을 앞세운 비리들은 아직도 끊이지 않고 있다.

그러나 우리 민족들이 아직도 증오하고 있는 일본의 경우는 어떤가? 언젠가 나까소네 수상이 업무차 지방으로 당일 출장을 가게 되었다고 한다. 그런데 당초 예상보다 업무가 일찍 끝나게 되어 돌아오는 비행기 시간을 앞당기기 위해 항공사에 확인하였으나 빈 좌석이 없었다. 다시 기차 편을 알아보았으나 역시 좌석이 매진되어 당초 예약해 두었던 표로 돌아갈 수밖에 없었다. 일행들과 함께 예정에 없었던 골프라도 치면서 남은 시간을 때우려고 했으나 그것 또한 여의치 않아 하릴없이 몇 시간을 기다렸다가 돌아왔다고 한다.

과연 우리나라에서 이런 사례를 상상이나 할 수 있을 것인가? 당시 자타가 공인하는 일본의 제1인자가 권력을 전혀 행사치 않고 순리에 따라 자신의 불편함을 감수했던 이러한 생활 태도가 오늘의 일본을 이룩한 근원이 아닌가 한다.

다음의 경우도 음미해 볼 대목이다. 영국의 수상이었던 처칠이 어느 날 출장에서 돌아오다가 차가 막혀 이미 예정된 회의 시간에 맞추기가 어렵게 되자 운전기사에게 속력을 좀 내도록 지시했다. 그러나 교통경찰의 지시에 따라 과속 운전으로 차를 세우게 되었는데, 처칠은 자기의 직분을 밝히며 사정을 이야기했다. 그러자 경찰은 "수상이 어찌 교통 법규를 어기시오? 당신은 수상이 아님에 틀림없소." 하고 벌과금을 물게 했다고 한다.

경찰의 말에 대꾸 한마디 못 하고 물러설 수밖에 없었던 처칠의 모습을 생각하면 우습기도 하다. 당시 처칠은 속으로 괘씸하게 생각했을지도 모른다. 그러나 한편으로는 공평하고 믿음직스럽게 공무에 종사하는 그 교통경찰관으로부터 국가의 밝은 장래를 읽고 흐뭇해했다 한다.

그 후 처칠은 그때 그 담당 경찰관의 직속상관에게 법치 국가의 일원으로 당당하게 임무를 수행하는 그 경찰의 1계급 특진을 종용하였으나 그 상관은 일언지하에 거절했다고 한다. 자기의 당연한 임무를 수행한 것은 특진의 사유가 될 수 없다는 이론이었다.

이상의 두 이야기를 음미해 보면서 우리는 많은 것을 생각할 수 있다. 나까소네나 처칠이나 직접 나서서 그 당시의 필요한 일을 요청했다면 아마도 목적을 달성했을 법도 하다. 그러나 그들은 한 명의 권력자이기 이전에 그들 자신이 일국의 국민임을 먼저 생각하였고 그래서 더더욱 법과 순리에 따라야 한다고 생각했던 것이다.

오늘의 한국을 이끌어 가는 작은 권력자에서 큰 권력자에 이르기까지 이러한 사례를 다시 한 번 음미하고 앞으로 이러한 자세를 생활화해 간다면 우리 국가의 장래는 더욱 밝아지련마는, 과연 언제 그런 날이 올지 의심스러운 것은 필자의 심경만은 아니리라. 아직도 소위 말하는 고위층만 움직여도 도로를 통제하고 일부 통행 제한을 하고 있는 것을 보면.

1990. 8.

09

팁 이야기

요즘 팁이라는 그렇게 달갑지 않은 단어가 우리 주변에 자주 회자되고 있다.

원래 팁이란 말은 영어로 “To Insure Promptness”의 약자로서 신속함을 보장해 준다는 뜻이라 한다.

서구 사회에서는 우리나라처럼 다방이나 이발소, 술집에 죽치고 앉아 시간을 물 쓰듯 하는 사람이 드문 것으로 알고 있다. 예를 들어 이발을 하는 경우 간단히 머리만 자르고 면도나 세발 등은 생략하는 식이다. 시간을 아끼기 위해서이며, 또한 각 공정마다 요금이 따로따로 계산되므로 돈을 절약하기 위해서도 머리만 자르고 이발소를 나온다고 한다. 우리나라도 차츰 이런 패턴으로 변하기도 하지만.

따라서 선진 사회에서는 시간을 아끼기 위해 머리를 깎는 비생산적인 일에서 빨리 벗어나기 위해 빠르고 정확한 서비스를 받은 것에 대한 사례가 팁을 주는 원래의 배경이 아닌가 싶다.

그런데 요즈음 우리나라의 세태를 보면 팁이 너무 흥청망청 뿌려지고 있음을 본다. 물론 서방 사회나 선진국에서도 음식점에서 – 서비스를 받는 경우 – 대충 음식 대금의 5~10% 선에서 종업원에게 팁을 주기도 하며 택시를 탈 때도 주행 요금 외에 약간의 팁을 주는 것이 상식화되어 있다.

문제는 우리나라의 고급 음식점 특히 소위 룸살롱이라는 곳에 뿌려지는 팁의 액수를 보면 우리 같은 서민들이 이해할 수 없을 만큼 높은 액수다. 팁을 거침없이 뿌려대는 그들에게 어떤 서비스가 주어지는지 모르겠으나, 아직도 우리나라 근로자의 법정 최저 임금이 하루에 3만 원에도 미치지 못하고 있는 현실을 감안하면 어처구니가 없다. 내 돈 내가 쓰는데 무슨 참견이냐 하면 할 말을 없으나 누구든지 돈을 쓸 때는 생산적인 곳에 올바르게 쓰자는 것이다.

이러한 비생산적인 곳에 엄청난 돈이 뿌려지니 어렵고 힘든 일을 해 오던 저소득 근로 여성들이 생산 의욕을 잃고 이직을 하게 되어 결국 이것이 국가 경제에 영향을 미치게 되고 산업의 공동화 현상이 생기는 것이다.

그러나 이런 현상이 국내에서는 소득이 재분배된다는 어설픈 논리로 웃어넘길 수가 있다. 심각한 것은 흔히 말하는 졸부들의 무분별한 해외여행이 더욱 기승을 부림에 따라 나라 망신을 시키는 경우다.

북방 교역의 활성화로 베트남이나 중동 등지에서도 해외여행이 가능함을 틈타 그들이 아직도 못사는 그곳에서 허세를 부리는 것이다. 몇 년 전에 그곳을 다녀온 경험이 있는데, 그곳 음식점이나 유흥업소 종업원들은 대략 미화 1달러 정도면 아주 고마워하고 꽤 큰 액수로 받아들였다. 그런데 최근 소문에 의하면 일부 몰지각한 여행자들이 수십 혹은 수백 달러씩 팁을 뿌리고 있다고 한다.

물론 뿌리는 자에게는 이러한 돈이 큰 액수가 아닐지도 모른다. 그러나 팁을 받는 자의 입장에서 보면 고맙게 여길지는 모르겠으나 속마음은 그렇지 않을 것으로 본다. 오히려 빈정거리며 경멸할지도 모른다. 우리나라가 그야말로 객관성 있는 부자 나라가 아니고서야 당당하게 그렇게 많은 돈을 뿌리는 것이 이치에 맞지 않는 것이기 때문이다.

우리나라는 결코 잘사는 나라가 아니다. 단지 그러한 과정으로 가고 있는 중일 뿐이다. 아니 어쩌다 잘못되면 뒷걸음칠 수도 있을 것이다. 그렇게 오래되지 않은 옛날, 이른바 보릿고개를 넘기 위한 참담한 아픔이 있었고 그 후 우리 근로자들의 피땀 어린 노력의 결실로 겨우 선진국으로 가기 위한 초석을 마련했을 뿐이다. 이제 시작인 것이다. 그럼에도 불구하고 일부 몰지각한 졸부들이 나라 망신을 시키고 있는 것이다.

되돌아가는 느낌이지만 해외여행을 어느 정도 규제하고 외화의 소지 액수도 좀 더 줄여야겠다는 생각이 간절하다. 2~3년 동안 대외수지가 흑자로 나타나더니만 어느새 수십억 달러의 적자로 반전되고 있는데, 가진 자들의 횡포를 강력하게 막을 길은 없는 것일까? 그들에게 팁을 주어서라도 팁을 적게 뿌리는 풍토를 세웠으면 한다.

1992. 1.

10

아낄 줄 모르는 애국자들

언젠가 국내 굴지의 재벌 회사가 소위 "전사적 생산성 혁신 운동"을 전개하여 비용을 대대적으로 절약하는 효과를 얻었다는데, 그중 인쇄물의 절약 효과가 연간 50억 이상에 달해 경비 절감에 일조했다는 기사를 보았다.

근래 가히 인쇄물의 홍수 시대라 할 만큼 밀물처럼 쏟아져 나오는 그것들은 보면 과연 우리나라가 잘살게 되어 이런 현상을 낳는가 하고 의구심마저 생긴다.

지금의 기성세대들은 모두 다 찢어지도록 가난했던 어린 시절을 거쳐 왔겠지만, 정말이지 지난 시절에는 물자가 너무 귀했다. 특히 종이류는 말할 나위가 없었다.

어린 시절 우리 집은 신문을 구독하는 몇 안 되는 가구에 속했는데, 선친께서는 그것을 신줏단지 모시듯 차곡차곡 쌓아 놓고 화장지로 사용하거나 – 그것도 손바닥만 한 크기 정도로 잘라서 모퉁이 쪽에 구멍을 뚫어 철사로 꿰어서 한 장씩 사용했다 – 간혹 붓글씨 연습을 할 때 이용했는데, 신문지 바닥이 완전히 검게 되면 붓에 먹물을 묻히지 않고 빈 병에 맹물을 넣어 그 물에 붓을 적셔 새까만 바닥의 신문지 위에 글씨 연습을 했을 만큼 종이를 아꼈다. 그다음 신문지의 용도는 벽지다. 당시 산간 빈촌에 친척이 계셨는데, 일 년에 한 번쯤 신문지 한 뭉치(약 30~40매 정도)를 가져가시면서 고마움에 어쩔 바를 모르시던 표정이 아직도 눈에 선하다. 그러니 대부분의 가정에서는 아껴 쓸 종이마저 아예 없었다는 것이 옳은 표현이리라.

지금은 어떤가?

특히 선거철이 되면 전혀 지면이 없는 선량 후보자들로부터 매일 우편물이 쇄도하고 대문 안팎으로 홍보물이나 팸플릿 등이 쌓여 처리하기가 성가실 정도이다.

종이의 원료는 대부분 외화를 들여 수입하고 있다. 물론 재생을 시켜 사용키도 하지만 당초 원료는 수입품이다.

나는 자라나는 세대들에게 옛날 어려웠던 시대의 물자 이야기를 하려는 것이 아니다. 사회가 풍족해지면 거기에 걸맞은 소비가 따르는 것은 당연하다. 그러나 선거철에 갑자기 나타나는 후보자들은 대개가 어려웠던 과거를 몸소 체험하고 기억하고 있는 세대들이다. 과연 그들이 정녕 국가나 사회를 위해 봉사하고 민의를 대변할 목적으로 후보에 나섰다면 그 엄청난 인쇄물의 의미를 되새겨 보아야 할 것이리라. 물론 후보로 나선 이상 당선이라는 목적을 위해 무슨 짓을 못하겠느냐마는 목적 달성을 위해 엄청난 소비를 일삼는 그들을 우리는 눈여겨볼 필요가 있다. 자신의 이름과 경력을 알리기 위해 과연 매일매일 산더미 같은 홍보물을 그렇게 뿌려야 하는가? 적어도 나의 경우는 이렇다.

한두 번 정도 홍보물을 보거나 혹은 벽보를 통해 투표할 후보를 결정한다.

그들이 평소에 소리 없이 지역 사회를 위해 혹은 소외 계층인 빈민층이나 고아원, 양로원 등지에 지원 가능한 성의를 보인다면, 선거철에 사용하는 엄청난 인쇄물 이상의 효과를 거둘 수 있을 것으로 믿는다.

구체적으로 얼마나 많은 인쇄물이 선거철에 쏟아지는지 모르겠으나 아마도 천문학적인 액수임에는 틀림없을 것이다. 덕분에 톡톡히 재미를 보는 인쇄업자들에게는 미안한 이야기지만, 선량이 되고 싶어 하는 후보자들은 종이 하나라도 아껴 쓰는 숨은 애국심이 몸에 배야 할 것이다.

그들에게 호소하고 싶다. 그대들이 후보로 나서서 선량으로 뜻을 이루지 못했다 할지라도 평소 물자를 아끼고 이웃을 나와 같이 돌보았다면 이미 그대들은 진정한 애국자요, 선량보다 더 떳떳한 민주 시민으로서 사회의 존경을 받을 충분한 자격이 있는 분들이라고.

1992. 1.

11
보이지 않는 거울

매스컴에서나 지인(知人)들이 수시로 지적하는 일들이지만, 요즈음 우리가 살고 있는 동네를 오가다 보면 눈에 띄는 공통점이 많다. 아마 다른 동네도 비슷하지 않을가싶다.

무슨 이야기인고 하면 동네의 구석마다 우리 인간의 외형적인 욕구에만 부응하는 가게나 상점 혹은 서비스 업체들이 즐비하다는 것이다. 국내 경기가 최악의 상태로 접어들어 다소 소강상태에 들어선 느낌도 없지는 않으나 그럼에도 불구하고 심하다고 생각이 드는 것이다.

서울의 인구가 많다고는 해도 그러한 업체들의 수효가 가구(家口) 수보다 많다는 것은 나의 잘못된 판단이기를 기대해 보지만, 아무튼 유심히 살펴보면 필자의 판단에 쉬이 수긍할 수 있으리라.

외국어이기 때문인지 그럴듯한 낭만이 서려 있어서 인지는 몰라도 "카페"라고 불리는 자그마한 술집을 비롯하여 크고 작은 먹거리 상점의 팽창은 어제 오늘의 이야기가 아니니 더는 언급하지 않기로 하자.

하지만 틈만 있으면 우후죽순 생겨나는 옷가게들, 그것도 듣지도 보지도 못한 상표에 야릇한 뜻의 외국어를 가슴팍에 인쇄하여 머리를 혼돈스럽게 하는 국적 불명의 옷가지들은 차라리 가슴을 아프게 만든다.

어디 이것뿐이랴.

날이 밝기가 무섭게 붕붕거리는 팝송 소음을 길거리로 내쏟는 휴대전화 가게, 화장품 및 장신구 가게들을 지나치노라면 도대체 여기가 한국인지 외국의 유명한 번화가인지 전혀 감이 잡히지 않는 것이다. 이러한 풍경은 대학가 주변이 더욱 심한데, 이는 우리의 현실이 심각함을 대변하는 장면이다.

특히 대로변(大路邊)의 상가 밀집 지역에는 모텔이다, 안마 시술소다, 사우나다 하여 일을 해야 하는 백주(白晝)의 시간에도 이러한 곳을 들락거리는 백수협회원 - 백수건달 협회의 회원이라던가? - 이 넘치고, 이런 허다한 업소들이 번창하는 것을 보면 우리 같은 사람들 눈에는 그저 신기하다는 표현이 적절한 것 같다.

일할 사람이 없다는 소문이 세계의 방방곡곡에 끊임없이 전파되어 동남아의 저소득 국가는 물론이요, 심지어는 남미나 중남미의 덩치 좋은 사내들도 한국으로 돈 벌러 오고 있으니 한국은 과연 근로자에게는 지상 낙원이란 말인가?

그들이 비록 돈을 좇아 한국으로 오고 있으나 그들은 - 우리 자신보다 훨씬 더 많이 한국을 꿰뚫고 있다. 몇 년 전에는 소위 말하는 삼저현상(三低現象)으로 달러가 몇 푼 남아돌았지만, 그것도 곧 반전되어 이제 수십억 달러 적자투성이가 되어 버린 주제에 더럽고 힘들고 어려운 일은 내팽개치며 외국인에게 넘겨주고 말았는데, 그 외국인들이야 좋기야 하겠지만 속마음은 빈정거림으로 가득 차 있을 것임은 불을 보듯 뻔한 일이 아닌가.

이야기가 잠깐 빗나갔지만, 우리 동네의 곳곳에 기성세대들은 차치하더라도 자라나는 아이들에게 정서나 교양을 살찌울 만한 시설이나 건물을 보기가 그렇게 쉽지가 않다.

좀 더 살펴보면 놀랄 일이 한두 가지가 아니다.

이미 좁은 골목길까지 침투해 버린 비디오테이프 대여점, 만홧가게, 전자오락실은 문전성시를 이루고 있고, 요사이 붐을 탄다는 노래 연습장도 일조(一助)를 하는데, 스트레스 – 혹자는 스테인리스라고 익살을 떠는데, 가슴 속에 스며든 녹(錄)이 없다는 뜻으로 재미있는 표현으로 생각된다. – 를 푼다고 하지만 이런 방법 말고 다른 묘책(妙策)은 없는지 궁금하다. 여성들을 위한 각양각색의 업소들도 계속 늘어나고 있다. 미용실을 선두로 하여 에어로빅 교실 ,주부 가요 연습실, 특수 미용실(살 빼는 교실), 성형외과(본래의 목적에서 벗어난) 등등 이루 필설로 다 할 수가 없을 정도이다.

요약건대 우리 주변에서 늘어나는 것이라고는 쉽게 말해 먹고, 마시고, 입고, 치장하고, 남에게 돋보이고, 놀기 위한 극히 형이하학적(形而下學的) 면에 치우쳐 있다.

물론 이러한 것들이 모두 부정적이라고는 생각하지 않는다. 인류의 문명이 발달하고 소득이 높아짐에 따라 인간의 욕구 또한 그에 비례하여 상승하며 스트레스라는 것도 더욱 쌓이기 마련이다.

남녀노소를 불문하고 좋은 인상을 갖고 싶어 함은 동서고금을 막론하고 충분히 수긍할 만한 일이며, 그러기에 예쁘게 머리를 다듬고 화장을 하며 산뜻한 의상에 멋있는 신발과 장신구도 갖고 싶을 것이다. 또한 근사한 식당에서 맛있는 음식도 먹어 보고 싶을 것이며, 드라마 속에 나오는 연기자들처럼 분위기 좋은 카페에서 고상한 노래도 듣고 싶을 테다.

혹자는 말한다.

"돈 벌어서 다 쓰고 갈 수는 없는 일, 이마에 주름살 더 늘기 전에 실컷 즐기는 것도 불확실한 미래에 대한 염려와 현실의 번잡함을 떨어버리는 확실한 방편이다."

그러나 레크리에이션이라는 말은 누구나 알고 있듯이 휴식과 오락을 뜻하지만, 앞날의 효율을 위해 잠시 충전의 기회를 갖는 것이지 단순히 즐기고 놀기 위한 뜻은 아니다. 우리가 언제부터 제대로 밥술을 먹기 시작했는가. 그렇게 오래된 기억은 아니다.

또 다른 혹자는 변명처럼 늘어놓는다.

"정치하는 사람들의 야바위꾼 같은 꼬락서니도 보기 싫고 돌아가는 세상도 그렇게 탐탁지가 않다. 물때 잘 만나고 줄서기 잘하는 놈은 어느 날 갑자기 벼락부자가 되고 출세하여 껑충거리며 교만을 부리는데 말없이 일만 끙끙하고 세상 물정에 어두운 놈은 바보가 되어 별 볼 일 없는 등신으로 남게 되는데 무슨 신바람이 나서 뼈 빠지게 일하겠는가. 그저 물결치는 대로 바람 부는 대로 적당히 살면서 꼴 보기 싫은 놈들에게 침이라도 퉤퉤 뱉어 가면서 사는 것이 내 잘난 맛이다. 알 수 없는 앞날이니 번 돈이나 적당히 쓰면서 살아간다."

여기서 우리가 짚고 넘어가야 할 사실이 있다. 만약 우리 세대를 끝으로 이 세상이 막을 내린다면 미상불 앞서 예를 든 사람들의 말이 옳을 수도 있다.

그러나 우리는 적어도 자신에 대해 책임져야 할 의무를 가지며 부담을 안아야 한다. 이 세상이 좋든 싫든 간에 내일모레 끝장날 것도 아니다. 그렇다면 우리는 후세에게 참신하고 건강한 모습과 진실을 넘겨 주어야 할 막중한 책임감이 있음을 인식해야 하는 것이다.

문제는 벌써 심각한 상황이라는 점이다. 자라나는 세대들에게는 그저 공부만을 강요하고 진짜 필요한 마음의 정서와 양식을 불어 넣어 주는 일에는 인색하다.

눈을 닦고 보아도 주위에는 허영과 사치의 껍질만 늘어날 뿐이다. 동네를 걸어 봐도, 시내를 둘러봐도, 야외를 나가 봐도 모두들 먹고 마시고 놀고, 마치 이런 것들을 위해 태어난 사람들처럼 보일 정도이다. 심지어는 시내를 빠져나가는 관광버스 안에서부터 춤추고 노래하고 뛰노는 판국이니 이 일을 어찌할 것인가?

우리 아이들은 지금 무엇을 배우고 있는가?

우리는 그들에게 무엇을 남겨 주려 하는가?

가방과 도시락을 어깨에 둘러메고 집을 나선 후 파김치가 되어 학교에서 돌아오면 다시 학원이다 과외다 하여 밤늦도록 피로와 싸우고 있다.

그들의 마음속에 과연 무엇이 자라고 있을까? 영어단어와 문법, 수학 공식과 해법을 익혀 주면 그들은 저절로 훌륭한 성인이 될 수 있는 것일까?

정녕 지금이야말로 우리 사회가 성찰하는 계기를 가져야 한다. 그러나 누가 어떤 식으로 나서야 하는 것인지.

아이들에게는 공부만을 강요하면서 어른들은 전혀 다른 세계에 몰입하고 있는 우를 범하고 있다. 혀가 짧은 아비가 하늘 "텬(天)" 하면서 자식더러는 그러지 말라는 식이다. 그 속에는 세대 간의 갈등과 불신의 씨가 무럭무럭 자라나고 있다. 그렇다면 이런 일을 그저 수수방관하고 있을 것인가?

아이들과 어른들 사이에 얽혀있는 매듭을 풀 기회는 어른들이 마련하여야 한다. 예를 들면 동네에 있는 동사무소나 구청 같은 곳의 회의실에서 만남의 자리를 권장하는 것이다. 지방 의회의 주선이든 동네 유지 주관이든 누군가가 나서면 될 일이다.

거기에는 남녀노소 구별 없이 누구나 참여하여 서로의 의견을 거리낌 없이 표현하고 토론함으로써 세대 간에 얽힌 관념의 차이를 좁히고 이해의 폭을 넓힐 수 있다. 또 필요한 사안별로 교양 강좌와 같은 시간을 가지며 왜곡된 우리 사회의 놀이 문화와 생활 의식을 바로잡아 주는 등 다양한 주제를 포함해야 한다.

이러한 기회를 자주 가짐으로써 계층의 위화감, 세대 간의 갈등이 서서히 해소되고 아울러 사회의 건전한 모양새를 찾아갈 수가 있으리라.

지금의 모습으론 정말 안 된다.

자식들에게 죽기 살기로 공부만을 고집하는 부모들의 심경을 이해 못할 바는 아니나 몇 년 후 그들의 아이들이 어떤 모습으로 변해 있을지 생각해 본 일이 있는가? 이대로 덮어 놓고 방관한다면 아마도 그들은 지금 어른들 모습보다 더 추악한 미래를 연출할지도 모른다.

잠깐 빗나가는 이야기가 끼어들었지만, 한 나라의 문화 척도를 가늠하는 독서 수준도 큰 문제이다. 버스나 지하철을 타 보면 기껏 스포츠 신문 정도 읽는 사람만 간간이 눈에 띌 뿐 대부분이 무표정하게 앉아 있거나 꾸벅꾸벅 졸고 있다. 선진국을 여행해 본 사람이면 느낄 수 있었겠지만, 그곳의 많은 사람들은 지하철, 대합실, 공원은 물론이고 심지어 긴 여행길에서도 항상 책을 가까이하고 있다. 그들은 책 읽기를 생활화하고 있는 것이다.

우리 주변에서는 앞서 예를 들었던 것처럼 마음을 살 찌워줄 서점이나 교양 강좌의 알림을 보고 듣기가 쉽지 않다. 이것은 우리 사회와 민족의 황폐화를 뜻한다. 이런 현실에서 우리는 자라나는 아이들에게 강요하고 기대할 것이 아무것도 없게 된다. 또 한 가지 짚고 넘어갈 것은 우리의 음식 문화이다.

언제부터인가 서서히 파고들어 온 외국의 음식 문화, 그것도 비싼 로열티라는 것을 지급해 가면서 자리를 넓혀가는 외국상표 음식들을 보자. 내용물은 대동소이한데도 꼬부랑 상표만 붙이면 인기와 선호도에서 단연 앞선다. 이것 모두가 우리 기성세대와 몰지각한 상혼이 저지른 범죄가 아니겠는가. 왜 우리 조상들이 전승해 온 고유의 음식들은 외면당해야 하는가. 구수한 숭늉과 미숫가루 같은 음료가 커피와 코크라는 도깨비에 의해 밀려나 버렸고, 찹쌀떡과 빈대떡은 조상의 슬기어린 영양 식품임에도 불구하고 빵과 피자라는 해괴한 음식에 의해 위협받고 있다.

수년 전만 하더라도 식량난에 허덕이던 이 나라가 이제 쌀이 남아돌아 곳간에서 썩어가고 있는 이 현실을 어떻게 이해하여야 할지. 우리가 이미 부자 나라이기 때문인가?

물론 자유 경제 이념과 개방의 물결이 나날이 드세지는 지금, 전통적인 음식 문화나 의상 문화, 사고만을 고집한다는 것도 어리석은 일이다. 그러나 남의 것을 받아들이는 우리들의 마음과 자세에는 분명한 한계와 잣대를 지녀야 한다. 그리고 이것을 우리의 아이들에게 자연스레 계승시킬 수 있는 여건과 환경을 길러야 한다.

공수래공수거라 하여 우리의 영혼마저 황폐해져서는 안 된다. 어떻게 살며 무엇을 생각해야 하는가, 인생의 참된 가치와 의미는 외형에서가 아니고 내면의 진실에서 비롯된다는 당위성을 아이들에게 물려주어야 하며 그것을 사명감으로 항상 지녀야 한다. 이와 같은 사명감과 의식을 부활시켜 의식의 혁명을 가져와야 한다.

거울 앞에 우리 자신을 다시 한 번 비춰 보자.

그 속에 보이는 당신의 실체를 눈여겨보고 비뚤어진 곳이 있으면 교정해야 한다.

헝클어진 머리는 빗질을 하고, 돋아난 수염은 자르고, 비뚤게 맨 넥타이는 바로잡자. 잘못 잠긴 단춧구멍도 다시 손보아야 한다. 때 묻은 손과 발 그리고 얼굴은 정신이 번쩍 들도록 냉수로 씻어 보자.

그런데 이게 웬일인가.

어느덧 거울 앞에 선 나의 모습이 보이지 않는다. 새벽안개에 뒤덮인 미로(迷路)처럼 형체를 분간키가 쉽지 않다. 보이지 않는 거울을 탓할 일이 아님을 나는 늦게 깨달았다. 어느덧 오염되어버린 자신의 마음속을 닦고 씻어야 할 일이다.

정녕 이것이 이 나라에 발을 붙이고 사는 많은 사람들의 모습이 아니기를 간절히 빌어 볼 뿐이다.

거울이여!

불쌍하고 어리석은 자들의 모습을 더욱 환히 비춰 주오. 우리의 때 묻은 마음의 창을 지금부터라도 서서히 닦겠나이다.

1992. 2.

12
죽음에 대하여

(1)

우리 인생(人生)은 일찍이 석가모니가 갈파했듯이 생(生), 노(老), 병(炳), 사(死)의 과정을 거쳐 죽음이라는 저승의 문으로 들어가게 된다. 생(生)과 노(老)의 사이는 대체로 60~70년 정도의 길다면 긴 여정이기도 하다. 요절(夭折)하는 경우를 제외하고는 그동안 태어나서 늙고 병들 때까지 남이 아는 혹은 전혀 모르는 무수한 사연을 안고 이승에서의 긴 여정을 마감할 문턱에 이르게 되는 것이다.

죽음이란 무엇인가에 대해서는 뚜렷한 의학적 정의가 있고, 이승에 사는 사람치고 그것을 두렵게 생각하지 않는 이는 없을 것이다.

그럼에도 불구하고 우리는 너나 할 것 없이 죽음에 관한 말을 너무 쉽게 쓰고 있다.

누가 조금만 성질이 돋우면 "화가 나서 죽겠다", 우스운 일을 당하면 "우스워서 죽겠어", 못마땅한 사람에게는 "죽일 놈", 조금만 추워도 "추워 죽겠어", 조금 덥다 싶어도 "더워 죽겠어", 누군가 보고 싶다고 "보고 싶어 죽겠어", 보기 싫은 사람을 보고는 "보기 싫어 죽겠어 저 자식", 이런 것 말고도 "미워 죽겠어" 등 끝이 없다.

이런 말을 너무 쓰고 있으니 한마디도 "듣기 싫어 죽겠어"이다. 물론 이런 표현은 말하는 이가 뜻(意向)을 강조하기 위한 것임을 모르는 바 아니지만, 그토록 두려워하는 죽음이라는 단어가 쉽게 내뱉고 있으니 우리 인간은 아이러니한 동물임에 틀림없는 것 같다.

개나 소 등의 짐승은 병에 걸리면 무슨 생각을 할까? 그들이 무슨 생각을 할 수 있겠느냐마는 만약 한다면 빨리 나아서 일어나기는 바라는 생각을 하지 아파서 죽겠다고는 안 할 것이다. 물론 상상에 불과하지만. 우리들이 남발하고 있는 이 죽음이라는 언어 습관을 하루빨리 고쳐야 하리라 본다.

영어, 일본어 등에서 이렇게 죽음이라는 낱말을 연관지어 의사 표현을 하는 예는 보기 어렵다. 만약 우리가 예사로 내뱉는, 앞서 예를 든 표현을 외국인들이 접한다면 아마도 섬찟섬찟 놀라고 의아해할 것이 틀림없으리라.

이러한 우리의 언어 습관을 하루빨리 버리고 적절한 표현을 찾아 보급하는 일이 교육 관계자의 책임이 아닐까 싶다.

(2)

누구나 불의의 죽음이 아닌 순리(順理)의 임종(臨終), - 생로병사(生老病死)의 수순에 의한 죽음 - 을 볼 수 있는 기회가 있었을 것이다. 우리는 그때 무언가 새로운 사실을 발견하게 되는데, 죽음에 이른 그 당사자가 하나같이 평온하고 진지하며 초연(超然)해져 있음을 알 수 있다.

이것은 무엇을 뜻하는가? 사람으로 태어나서 그동안 남에게 못된 짓을 일삼고 사리사욕에만 눈이 어두워 뭇사람으로부터 손가락질 받았던 경우라 할지라도 그가 눈을 감을 때쯤이면 아마도 그는 지나온 본인의 역정(歷程)을 반추(反芻)하면서 자신의 과오를 참회하지 않나 싶다. 또한 죽음에 직면하는 자가 평소 주위로부터 많은 칭송과 존경을 받고 덕과 선을 베풀며 후회 없이 살았다고 하더라도 그의 마음에는 항상 아쉬움과 회한(悔恨)의 부스러기가 남아 있을 것인즉, 죽음 앞에 그 회한의 빗장을 벗기고 못다 한 아쉬움을 떨쳐 버리고 조용히 눈을 감을 수 있을 것이라 상상된다.

이러한 까닭에 만약 사람이 영적이 아닌 삶 - 영적이라 함은 이승과 저승의 두 개의 삶이 아닌 이승에서의 두 번의 삶을 누릴 수 있는 조화(造化)를 부여 받았다면 이 세상에는 미움과 시기가 사라지고 사랑과 축복으로 가득 찬 환희의 찬가가 영원히 울려 퍼질 수 있지 않겠느냐 하는 엉뚱한 생각을 해 본다.

(3)

죽음을 두려워하지 말자. 어차피 인생이라는 긴 열차(列車)는 종착역이 있다. 그 종착역에 이르는 동안 남아 있는 역(驛)의 길이를 잴 필요는 없다. 그러나 그 역들을 무심코 지나치는 것은 분명 무의미한 일이다.

때로는 차창에 스쳐 가는 산과 들의 아름다움과 창에 부딪히는 낙엽의 고뇌를 되새겨 보아야 한다.

떠나가는 열차에 눈물을 감추며 사랑하는 이를 보내는 여인의 아픔도 헤아릴 줄 알아야 한다. 떠들썩하게 좁은 통로를 지나치는 장사꾼의 가게를 들여다보고 빵과 우유의 의미도 되씹어 보아야 한다.

때로는 철길을 빗나가다 멈춰 버린 열차에서 내려 따분하고 지루한 의미 없는 시간을 더욱 값진 전진의 기회로 승화시켜야 한다.

두통과 멀미를 하는 고통의 시간은 남아 있는 역들을 더욱 편안하게 지나칠 수 있는 시험대의 과정으로 여겨야 한다. 톨스토이가 말하지 않았던가! 고통은 그것이 정신적이든 생리적이든 발전을 위한 조건이라고 말이다. 또한 남들처럼 편히 앉지도 못하고 흔들거리는 난간에 기대어 힘들어하는 어려운 이의 고통도 함께 나누어야 하며 그러기 위해 나의 자리를 잠시 비워 두는 아량을 가져야 한다.

하필이면 내가 앉아 있는 차창의 유리가 깨짐은 남을 위한 희생과 사랑의 방패로 인식해야 한다.

드디어 종착역을 알리는 차내의 방송이 들리면 기꺼이 짐을 꾸려야 한다. 앞자락에 떨어진 신문지와 먹다 남은 음료수병을 말끔히 치우고 선반에 얹어 놓은 보따리를 챙겨야 하는 것이다.

그 고통과 번뇌의 보따리를 들고 하차대로 나가야 한다.

이제는 내려야 한다. 만약 내려야 할 그 역을 지나치면 다음 역에서 내려 되돌아와야 한다. 조그만 미련 때문에 새로운 고통을 맞이할 이유는 없는 것이다. 내려야 할 곳에서 당당히 내려야 한다. 이 세상 어느 누구도 내려야 할 역의 길이를 더 이상 늘어뜨릴 수는 없다. 하차대에서 기다리고 있는 역무원에게 그 보따리를 넘기고 빈 마음과 빈손으로 그곳을 빠져나가기만 하면 되는 것이다. 거기로 지나는 사람은 누구나 자유스럽고 평등하다. 천하를 호령하는 권자(權者)의 모습도, 세상을 모두 다 제 것으로 여기는 가진 자의 모습도, 명예와 선망을 한 몸에 담고 있던 명사(名士)의 모습도 더 이상 볼 수가 없다.

더 이상 두려움과 불안감은 아무에게도 없다. 이젠 강물이 되어 어딘가로 흘러가는 것이다. 그러고는 깊고 깊은 바닷속으로 미끄러져 멀리 멀리로 흘러가는 것이다.

1993. 2.

13

석화 낙지 한 사발

옛날 어느 고을에 재력이 튼실한 부자 영감이 살고 있었다. 딸을 셋 두고 뒤늦게 아들 하나를 얻었는데, 재산은 넉넉하였으나 학문이 미천하여 이를 항상 부족함으로 느낀 그는 사위들만은 문장깨나 한다는 한량을 얻었다. 아마도 자신이 갖지 못한 학문에 대한 보상 심리였으리라.

사위 놈들이 글깨나 하고 허우대도 내놓을 만하였으나 무식한 장인을 깔보는 듯한 태도가 못마땅하였고 때로는 처가 재산을 넘보는 듯 눈빛이 심상치 않았다.

이에 식상한 영감은 막내사위만큼은 학문보다 심성이 고운 순둥이를 맞게 되었는데, 마음이 곧고 어질기는 그지없으나 문자속은 그야말로 망통이었다.

그럼에도 불구하고 장인의 사랑이 막내사위에게만 쏟아지자 두 사위들은 막내동서를 어떻게 하면 골려 줄까 하고 머리를 맞대며 의기투합했다.

그들은 마침내 의견일치를 보았다.

"우리 같은 선비에게 저놈이 글재주로 당할 리가 없지. 암 얼토당토않은 일이지."

상대의 약점을 노려 망신을 주겠다는 두 사위의 전략이 시작되었다. 옛날에는 단옷날이나 한가위 혹은 정월 대보름날에는 글깨나 읊는 선비들이 주안상을 차려놓고 자작시를 읊조리곤 했다. 이에 정월 대보름날 저녁 사위들은 처가에 모여 술자리를 갖게 된다. 그 집 외아들을 포함하여 네 사람이 한자리에 모였다. 보나마나 가장 주눅 든 사람은 그 집 막내사위다. 도대체 시조가 무엇인지, 작문을 어떻게 하는 것인지 알 길이 없는 그는 입술이 타고 좌불안석이다. 이를 눈치챈 처남이 귓속말로 막내매형을 안심시킨다.

"매형, 아무 걱정 마시오. 그저 눈앞에 보이는 대로 읊조리면 그것이 시조가 되고 문장이 되는 것이니 뒷일은 내게 맡기시고 말씀만 하시오."

아무리 그렇다 하더라도 보이는 대로 말만 하면 될 리가……. 막내사위, 여전히 초조하고 불안하기는 마찬가지다.

더구나 순번이 자기부터 시작된다고 하니 온몸에 흐르는 땀을 주체할 수가 없다. 그러나 어쩌랴 창피를 당하건 면피를 당하건 이판사판 아닌가. 맞을 매는 먼저 맞는 게 낫지 이렇게 생각한 그는 우선 숨을 크게 한 번 들이키고 주안상을 쭉 훑어본다. 풍성한 주안상이다. 산골에서 구하기 힘든 귀한 해산물이 접시에 듬뿍 담겨 있다. 자세히 보니 굴(石花), 낙지 등이 사발에 가득가득 담겨 있다. 침을 꿀컥 삼킨 그가 마침내 입을 연다.

"석화, 낙지 한 사발"

에게! 이게 무슨 소린고? 기가 막힌 두 사위들 입가엔 냉소가 흐르고 방안은 잠깐 침묵이 흐르는데, 바로 그때 "잠깐!" 하며 무릎을 치는 이가 있었으니 그는 이집 외아들이다.

"아! 과연 우리 막내 매형! 학문은 깊지 않은 줄 내 진작 알고 있소. 그러나 이게 바로 숨어 있는 즉흥시가 아닌가요. 비록 서툴지만 뜻풀이는 제가 합니다. 그게 이런 뜻이군요. 석화(昔花), 낙지(落地), 한선발(恨先發)이라! 옛 꽃이 땅에 떨어지니 먼저 핀 것이 한탄스럽구나. 이게 바로 우리 인생 이야기 아닌가요. 그렇죠, 작은매형!"

모두들 깜짝 놀랐고 거만한 두 사위는 허망한 모습을 하고는 술잔을 입에 털어 넣는다.

그 후에도 글짓기는 계속되었다.

천렵을 즐기던 단옷날에 냇가에 모여 술판을 벌였다.

막내사위 차례, 문득 흐르는 냇물 속을 유심히 들여다보니 여러 물고기들이 수영을 즐기고 있다. 이를 본 막내 사위 왈

"붕어, 잉어, 뱀장어"

어안이 벙벙해진 두 사위가 얼굴을 마주 보고 박장대소를 하는데, 이때 그 집 외아들이 또 나선다.

"부어(浮魚), 이어(餌於), 피암장어(避岩藏於)라! 떠도는 고기에 먹이를 던지니 바위 밑에 숨어 몸을 감추네!"

기가 막힌 두 사위, 고개만 숙이던 막내사위의 모습은 졸지에 반전

된다.

그 후 어느 눈 내리는 동짓달 밤에 그들은 다시 모였다.

주안상에는 꼬챙이에 조개를 꽂아 꿰낸 안줏거리가 풍성하다.

막내사위, 이제 자신감을 얻은 듯 목에 힘을 주며 한 수 읊는다.

"조개 고지 순월대"

이어 외아들의 해설이 뒤따른다.

"조가(鳥歌) 고지(古枝) 신어다(新語多)라! 새가 노래를 하네. 옛 가지에 앉아 새로운 말들 많구려."

그 후로 거만한 두 사위는 장인 영감의 속뜻을 알아차리고 막내동서를 친동생처럼 가르쳐서 의좋게 지냈다고 한다.

대학을 꼭 다녀야 하는지 그렇지 않아도 되는지는 논외의 문제다. 원래의 목적에서 벗어난 일탈 행위가 있다면 대학 졸업장은 종잇장일 뿐이다. 학문과 진리를 탐구하고 인격을 도야하는 젊음의 장(場)이 대학의 목표라고 주장한다면 비웃음 당할지도 모른다. 그러나 사람을 평가할 때 학벌이나 지위, 환경이 우선시 된다면 그것은 우리 사회의 비극이다.

학문은 낮아도 인품과 덕성이 훌륭하고 가진 것이 작아도 아름다운 영혼이 우대받는 사회, 우리가 지향해야 할 미래이기도 하다. 조금 안다고 우쭐대고 조금 가졌다고 상대를 얕보는 나쁜 영혼을 우리의 사회가 치유해 줘야 할 것이다.

2010. 1.

• 제 2 장 •

지혜의 샘

01

공짜를 논함

– 이 세상 어디에도 없는 공짜 –

이 세상에 어느 누구를 막론하고 공짜를 좋아하지 않는 사람이 있을까마는 나는 과연 이 공짜라는 것이 존재할 수 있는 것인가 하고 가끔 생각을 해 보는데, 나의 확실한 결론은 그것이 전혀 존재하지 않는다는 것이다.

사회생활을 하면서 사람들이 대체로 자신에게 이득이 되는 사람들 쪽으로 기울게 되는 것을 보게 되는데, 이것은 근본적으로는 인간의 공짜 심리에 기인한 것이 아닌가 생각된다. 오죽 공짜를 좋아했으면 공짜로 주는 것이면 양잿물도 마신다는 속담까지 생겨났겠는가 싶다.

국어사전에서는 공짜를 “거저 생긴 물건”이나 “거저 얻은 일”로 설명하고 있고, 영어에서는 “FOR NOTHING” 혹은 “FREE”로 표기하고 있으며, 표현을 깊이 있게 구사하는 중국에서는 “無酬勞(무수로)” 또는 “免費(면비)”로 되어 있는데 문자야 당연히 다르지만 그 뜻은 모두 같은 것임을 알 수 있다.

그러나 우리가 무심코 공짜라는 것을 좋아하지만, 거기에는 항시 무서운 함정과 위험이 도사리고 있음을 알아야 한다.

우선 당장 눈에 띄는 것은 기업들이 자사 제품의 판매 촉진이나 홍보를 위하여 길거리를 오가는 행인에게 혹은 가정 방문을 통하여 조그만 시제품(試製品)이나 선물을 공짜로 건네주는 것들인데 사실 그것이 공짜일 리 만무하다.

그러한 것들이 우선은 공짜로 느껴지겠지만, 그것의 원가는 기업에서 판매할 제품 혹은 서비스 가격에 이미 산입(算入)이 되어 있으므로 – 사실은 그 공짜 제품을 더 비싼 원가로 산정하여 포함시키고 있을지 모른다 – 우리가 그것을 사거나 이용할 때는 자연히 공짜로 얻은 몫을 치르게 되는 셈이니 어찌 그것이 공짜인가? 단지 공짜로 생각한 그 값어치를 외상으로 미리 받았을 뿐이다.

사회생활에서도 이치는 마찬가지다. 우리는 가끔 주위 동료나 지기(知己)들이 간밤에 자기 돈 한 푼 내지 않고 민생고(民生苦) 해결에서 끝내주는 술자리 – 1차에서 막차(?)까지 – 의 호강을 받았다고 자랑을 해대는 경우를 볼 수 있는데, 과연 그것이 공짜일 수 있을까? 물론 그것으로 끝났다면 공짜일 수 있겠으나 사람 사는 것이 어찌 한번만 보고 그만둘 수 있는 것인가.

자기 돈 한 푼도 내지 않고 한두 번 대접을 받았다면 언젠가는 본인도 그에 상응하는 대가를 치러야 하는 것이 사람의 도리이며, 설사 그럴 여유가 없더라도 항상 그것에 대한 부담감이 도사리고 있을 터인즉, 어찌 공짜를 얻어먹었다고 히죽거리고 있을 것인가?

정치하는 사람들도 마찬가지가 아니겠는가?

솔직히 말하건대, 적어도 정치인 중 대부분은 우리 같은 보통 사람들보다 몇 곱절 더 배우고 좋은 환경에서 여러 분야를 섭렵(涉獵)한 사람들인데도 일순간의 오판으로 일생을 망치고, 피땀 흘려 쌓아올린 명예를 하루아침에 팽개치는 꼴이 되니 이 모두가 공짜 심리로 인한 업보(業報)가 아닌가?

자신의 직분이나 권력을 이용하여 떳떳지 못한 뇌물을 받는 일부 정치인들은 처음에는 그 돈뭉치가 공짜로 보여 다음에 일어날 엄청난 사건을 순간적으로 망각하고 덥석 받아들인다. 그러나 쥐도 새도 모르게 해치운다는 말은 우리 일상에 존재하지 않는다는 이치를 왜 몰랐을까? 이 세상에는 비밀은 없는 법, 설사 비밀이 지켜지더라도 뇌물을 받은 그 사람이 어찌 제정신으로 국사(國事)를 처리할 수 있을 것이며 – 심장에 털 난 사람을 제외하고는 – 떳떳한 마음으로 매사에 임할 수 있을 것인가? 뇌물의 크기가 크든 작든 간에 가슴 한구석에 자리 잡고 있는 떳떳지 못한 응어리가 항상 전전긍긍하게 만들고, 공짜로 얻은 그것은 어떠한 모진 괴로움으로도 상쇄(相殺)할 수가 없는 것이다.

일찍이 당송(唐宋)의 팔대가(八大家)인 소동파(蘇東坡)는 다음과 같이 갈파한 바가 있다.

"무고이득천금(無故而得千金)이면 불유대복(不有大福)이며 필유대화(必有大禍)이다."

즉, 아무 까닭(노력) 없이 많은 돈을 얻는 것은 큰 복이 아니고 반드시 큰 화가 있을 것이라는 뜻인데, 이런 말을 정치, 사회, 교육을 이끌어 가는 지도층들이 그들의 생활신조로 삼았던들 어느 날 갑자기 두 팔목에 팔찌를 차는 정치인이나 유명 인사는 없었을 것인즉 우리 마음을 안타깝게 하는 장면들이다. 그들이 자랑삼아 말했듯이 국내외의 유수한 명문 대학에서 수학(修學)했고, 사회의 곳곳에서 덕망을 쌓았다는 유명 인사였기에 더더욱 그러하다.

이 세상에 진정 공짜는 없는 것이다.

희수(喜壽)를 앞둔 노령에도 불구하고 젊은 사람 못지않게 활기찬 삶을 엮어 가는 사람은 남모르게 꾸준히 체력 관리를 해 온 불굴의 의지에서 건강을 얻은 것이지, 결코 거저 얻은 것이 아니다. 또 부와 명예를 거머쥔 백만장자와 유명 인사도 근검절약과 끊임없는 자신의 노력을 통하여 얻은 대가이지 공짜로 얻은 것이 아닌 것이다. 농부나 학생들의 경우도 마찬가지다. 땀 흘려 가꾼 논밭에서 좋은 결실을 얻을 수 있으며, 남들이 잠자고 쉬는 사이 자신의 피땀 어린 노력이 있어야 성적 향상을 기대하듯이 거저 거둬들일 수 있는 것은 이 세상 어디에도 없다. 그러나 사람들은 이러한 이치와 진리를 익히 알고 있으면서도 모든 것을 쉽게 얻으려 하고 있고, 여의치 못할 때는 남의 탓으로만 돌리려 한다.

연못 속으로 빠트린 쇠도끼를 찾을 길이 없어 실의(失意)에 빠져 있던 젊은 나무꾼이 산신령한테 얻은 금도끼와 은도끼는 얼핏 공짜로 보이지만 결코 거저가 아니다. 그것은 그 젊은이의 부모에 대한 갸륵한 효성심과 정직에서 비롯된 대가로 파악될 성격이기 때문이다.

요컨대, 궁극적으로 "어떤 대가 = 정직한 노력"의 등식으로 설명될 수는 있지만, FOR NOTHING(공짜) = WIND-FALL(바람으로 떨어진 과일)로 이해되어서는 안 될 것이다.

공짜를 바라는 이 세상의 모든 사람들이여! 지금까지의 이야기는 진정 공짜로 드리는 우리의 진리를 되새기게 함이오니 나의 땀을 흘리지 않고 얻을 결실은 이 세상에 어디에도 없음을 명심하시고 부디 공짜의 환영(幻影)에서 벗어나길 호소하나이다.

2000. 1.

02

건강하게 살다가 건강하게 눈감자

지금은 생활 수준의 향상으로 누구나 건강에 대한 관심이 높다. 하루에 밥 세끼조차 먹기가 어렵던 옛날 우리 조상들에게는 건강이라는 말 자체가 오히려 사치스러운 치장과 같은 것이었으리라. 그도 그럴 것이 입에 풀칠이라도 하기 위해서는 누구나 일을 해야 했고 그러다 보니 몸 아픈 곳을 돌아볼 여유는 아예 생각조차 못 했으며 어쩌다 병이라도 걸리면 시름시름 앓다가 별수 없이 죽는 도리밖에 없었을 것이다.

물론 천석꾼 만석꾼으로 불리는 대농(大農)의 부잣집이나 어느 정도 세도(勢道)를 부리는 권세가 등이라면 약 첩이라도 써서 병을 다스릴 수 있었겠지만, 그러한 사람들이 썩 많지 않았음은 쉬이 짐작 가는 일이다.

지금은 사정이 달라 물자(物資)도 넉넉해졌을 뿐 아니라 생활 수단 대부분이 기계화, 자동화되는 바람에 사람이 섭취하는 영양에 비해 운동량이 턱없이 모자라다 보니 오히려 살만 더덕더덕 찌고 이에 여러 가지 질병이 뒤따르게 되었다. 특히 비만이라는 병 아닌 병 때문에 살을 빼는 데 소용되는 묘약들이 속출하고 남녀노소 가릴 것 없이 소위 헬스 교실이라는 데서 땀을 흘리고 있어 이런 업소들이 성업(盛業)한 지도 이미 오래다.

각종 질병에 대해서 말하자면 옛날과 지금은 그 종류나 정도가 천양지차(天壤之差)다. 옛날 질병이라야 돌림병, 기침, 천식 등이 주류를 이루었으나, 지금은 그 종류가 엄청나게 분화되고 깊어져서 인간에게 발생되는 질병의 종류가 50,000개 이상이라고 들은 바 있다.

옛날에는 멸구라는 벌레가 대표적인 병충해였으나 그 후 꾸준히 농약이 개발되면서부터 오히려 그 농약에 대항하는 수많은 병충들이 농민들을 괴롭히고 있듯이, 인류의 질병들도 수많은 의약품이 개발되면 될수록 그에 대항하여 무서운 질병들이 난무하는데, 이것은 결국 인류가 질서를 파괴하고 자연을 망가뜨리는 과정에서 얻은 자업자득이다. 물론 자연의 훼손과 환경의 파괴라는 것은 인류가 보다 향상된 여러 가지 문화생활과 편의를 얻기 위한 어쩔 수 없는 수단일 수밖에 없지만, 적어도 오염과 공해를 방조하고 자연환경을 거침없이 무너뜨리는 행위들은 철저한 감시와 벌(罰)로써 다스려져야 할 것이다.

우리는 흔히 건강의 비결이라는 것에 관한 의사나 명사(名士)들의 충고나 경험담을 신문에서 읽거나 여러 매스컴에서 접하기도 한다. 그러나 예외 없이 공통적으로 내세우는 것은 음식물의 고른 섭양(攝養)과 꾸준한 운동이다. 예부터 전해 오는 어떤 건강 수칙에서나 접할 수 있듯이 건강을 지키기 위한 규칙이 있다.

그것은 우리가 일찍부터 너무나 잘 알고 있는 것이지만 새로 정리를 해 보면 이런 것들이다. 즉, 일찍 자고 일찍 일어나야 한다. 가급적 적게 먹고 많이 씹어야 한다. 자동차는 피하고 많이 걸어야 한다. 또한 수분을 많이 섭취하고 자극 성분은 피해야 한다. 주색(酒色)은 삼가고 몸과 마음을 깨끗이 한다. 욕심을 버리고 대의를 중요시한다.

어찌 이러한 것들을 이곳에 모두 옮겨 적을 수가 있겠느냐마는 지켜나가기도 쉽지 않은 일이다.

아무렴 이렇게 살아간다면 어느 누구나 건강을 지킬 수 있으리라. 그러나 내가 건강을 위해서 나름대로 생각하고 지켜가자고 하는 특유의 지론(持論)이 있는데, 그것은 다름 아닌 몸과 마음을 깨끗이 유지하자는 것이다. 이게 무슨 특유의 처방이냐고 코웃음을 치실 분도 계시겠지만 좀 더 설명을 들어 보면 조금은 수긍하리라 믿는다.

먼저 마음을 깨끗이 한다는 것은 마음속에 깨끗한 생각만을 가지라는 것이다. 그러기 위해서는 마음을 평온하게 유지해야 하고, 사리사욕(私利私慾)을 버려야 하며, 세상만사를 곱게 보아야 한다. 또한 남의 일을 나쁘게 보지 않아야 하고, 궂은 일로 남의 입에 오르내리지 않도록 매사를 정직하고 깨끗하게 살아야 한다. 어려운 사람의 입장을 나의 것으로 이해하기 위해 끊임없이 애를 써야 하고, 불의를 정의의 눈으로 깨뜨리는 덕(德)과 의(義)를 익혀 나가야 한다.

하지만 이런 삶이 지금 같은 험악한 세정(世井)에서 도대체 가능한 일이겠으며 또한 신선(神仙)이 아니고서 어찌 기대할 수 있는 일인가? 물론 그러하다. 그러나 이러한 마음가짐으로 매사를 자신과 꾸준히 싸워나가는 노력만 있으면 설사 신선의 기준에서는 훨씬 뒤떨어져 있더라도 그나마 족한 것이 아닌가 생각된다. 목표를 위해 노력하는 그 과정 자체가 우리에게는 더욱 값지고 즐거운 일이 아니던가!

다음으로 몸을 깨끗이 하자는 이야기는 일종의 위생 관념과 직결되는 말이기도 하다. 우리가 항상 청결한 몸을 유지하면 병균에 감염될 기회가 상대적으로 줄어들기 때문이다. 또한 몸을 깨끗이 유지한다는 그 자체는 자신의 모든 신변 관리가 철저하다는 뜻이니 그 자체가 바로 건강과 직결되는 것이다. 그렇다고 산뜻함과 품위를 유지하느라 향수를 뿌리거나 머리에 기름 바르고 호사스런 의상을 갖추라고 강조하는 것이 절대 아니다. 몸을 항상 정갈하게 유지하는 것, 그것이 바로 평범한 건강의 길이라고 보는 것이다.

건강 이야기를 꺼낸 김에 하는 말인데 정(精)과 기(氣)를 북돋우겠다고 쓸데없이 보신 약품과 강정 식품을 남용하는 사람이 많이 보인다. 몸에 좋다며 흉측한 벌레를 볶아 먹는가 하면 곰쓸개, 사슴피를 흡혈귀처럼 먹어대는 몬도가네 족들을 볼 때면 차라리 측은하다는 생각마저 든다.

어떤 이는 몸에 이상이 없는데도 눈을 뜨면서부터 수십 가지 약을 복용하는데, 간장약, 비타민, 영양제, 위장약, 강정제, 알로에 식품 등등을 하루 종일 수시로 입속으로 털어 넣고 있다. 신토불이(身土不二)라는 말도 있지만, 우리 몸은 우리 토양과 기후에서 생성된 여러 가지 식물(食物)을 골고루 섭취하면 스스로 저항력을 가질 수가 있다고 본다. 물론 체질적으로 혹은 선천적으로 허약하거나 특수한 병을 치유하기 위해서 의사의 지시대로 처방을 받을 수는 있겠으나 멀쩡하고 팔팔한 몸인데도 이것저것 몸에 좋다고 남용하게 되면 부작용 일 수도 있고 오히려 균형이 깨지지 않을까 싶다. 또한 건강을 유지하겠노라고 너무 절제되고 엄격한 생활을 하는 삶도 보게 되는데, 이것이 오히려 정신 건강에 역효과를 줄지도 모를 일이다. 물론 술과 담배 같은 것은 인체에 백해무익한 기호 식품이긴 하여 피할 수 있으면 멀리하는 것이 좋기는 하겠지. 그러나 오랜만에 만난 반가운 벗과의 자리에서 꼭 냉수나 다른 음료만을 고집하는 것도 생활의 멋이 아니며 운치도 없어 보인다. 금주가들에게는 예의가 아닌 말인 줄 알지만 술도 지나치지 않고 적당한 선에서 절제할 수 있다면 정신적인 건강에 활력을 넣어 줄 수 있지 않나 생각된다. 88세라는 미수(米壽)의 고령에도 술과 담배를 즐긴다는 저 중국의 작은 거인 등소평이 – 그는 150㎝의 단신이다. – 아직도 건강하게 권력자로서 자신을 지키고 있는 것을 보면 술과 담배가 반드시 나쁘다고는 볼 수 없는 것 같다. 단지 지나치지 말아야 할 것은 말할 필요가 없다. 그렇다고 술과 담배를 권장하는 것은 절대로 아니며 적정한 선에서 자신을 지키고 틀에 꽉 박힌 생활 방식에서 벗어나자는 이야기이다.

물론 술과 담배를 꼭 삼가야 할 질병을 보유하고 있는 사람이라면 당연히 피해야 할 것이다. 우리는 누구나 병원에 한두 번씩은 들르게 되는데, 그때 의사들은 예외 없이 술과 담배를 피하라고 충고한다. 그러나 가만히 보면 의사들도 술과 담배를 즐기는 이들이 더러 있으니, 환자에게 금연과 금주를 지시하는 것은 단지 의사로서 환자를 만분의 일에 해당할지도 모르는 좋지 못한 가능성에 대비한 경고를 하는 것이리라 보며, 절제된 흡연과 음주가 그렇게 치명적인 것이라고는 생각하지 않는다. 예측할 수 없는 복잡한 사회생활에 휩쓸리다 보면 우리는 불의의 찰나에 죽음의 문턱을 오가고 있음을 항시 느끼고 있다.

아무런 생각 없이 길을 거닐다가 갑자기 뛰어든 자동차에 생명을 잃는 경우, 지하차도를 걷다가 뜻하지 않는 참변을 당하는 경우도 있다. 어디 이런 일뿐이겠는가?

비를 맞으며 들길을 거닐다가 벼락으로 목숨을 잃기도 하고, 주사 한 대 잘못 맞아 몹쓸 병에 걸리기도 한다. 자동차를 몰고 가다가 본인의 부주의와는 전혀 상관없이 횡사를 당하기도 하고, 관광버스를 타고 가다 대형 사고를 당하기도 하며, 아주 드문 경우이기는 하지만 비행기를 타고 가다가도 흔적 하나 없이 공중분해 당하거나 예기치 못한 폭풍우로 난파당하는 고기잡이 선박도 있다. 이러한 사고는 의사가 환자에게 금주 금연을 충고할 때처럼 만약의 사태에 발발할 미미한 확률과도 같은 성격의 것이라고 볼 수가 있다. 그러나 이러한 불운의 주인공들은 엄격히 따지고 보면 본인의 의지와 전혀 상관이 없는 일종의 운명에 빠진 경우라고 볼 수 있다. 이러한 운명마저 피하기 위해서는 꿈적도 하지 않고 집안에 틀어박혀 가만히 있어야 할 것이다. 그러나 사회적인 동물이라 불리는 인간이 어찌 그런 생활을 할 수가 있을 것인가? 운명론을 믿고 싶은 것은 아니나 시쳇말로 사람은 손금에 지시된 생명의 길이에 따라 살 도리밖에 없다. 물론 아까 예를 든 운명에 속한 기구한 운명을 지닌 사람은 극히 미미한 숫자에 불과하다. 대다수의 사람은 자신이 거둘 수가 있다고 본다. 사람은 누구나 죽음의 길을 가게 되어 있다. 의약의 발달로 아무리 훌륭한 영약이 개발되더라도 생명의 끝은 반드시 있게 마련이다. 단지 꺼지는 촛불을 희미하게나마 다소 연장시켜 줄 수는 있겠으나 그러한 삶의 연장이 무슨 값어치가 있을 것인가.

그래서 우리는 죽음의 길목에서도 건강한 마음과 건강한 육신으로 떳떳이 들어서야 한다. 허약한 심서(心緖)와 때 묻은 모습이 아니고, 깨끗한 몸과 마음으로 자신의 촛불을 마감해야 한다. 비록 꺼져가는 촛불이지만 너절한 찌꺼기를 남기지 않고 장렬한 죽음을 맞아야 한다. 결국 건강하게 살다가 건강하게 죽자는 것이다. 그러기 위해 깨끗한 몸과 깨끗한 마음을 어느 때고 유지해 나가야 한다는 것이 지금까지 장황하게 펼쳐 본 나의 소박한 건강학이요, 아름다운 죽음을 맞는 비결이다.

1996. 12.

03

P·R에 속은 시대는 끝났는데

우리들에게 이미 너무 익숙해져 버린 P · R이란 말은 저 미국의 유명한 대통령이었던 에이브러햄 링컨이 국회 연설에서 처음 사용한 말이라 한다. 이것은 Public Relation의 약어로서 국가의 정책이나 계획을 국민에게 올바르게 인식시키는, 이른바 공중 관계의 정립이라 할 수 있는 것이다. 물론 어떤 어원이 시대 변화에 따라 그 뜻이 달라지고 상이하게 전달되는 것이기도 하겠으나, 요새 우리가 눈만 뜨면 접하는 매스컴의 P · R은 그 강도가 너무 심한 느낌이다. 잠에서 깨어날 때부터 신경을 자극하는 신문, 잡지, 라디오, TV에서 홍수처럼 쏟아지는 P · R을 보고 듣노라면 현기증이 날 지경이다.

그것들이 그야말로 링컨의 연설처럼 진실을 호소하고 비전을 제시하는 것이라면 – 그의 연설이 꼭 진실과 비전을 제시했는지는 물론 알 수 없지만 – 누가 나무랄 수 있겠는가?

문제는 거의 모두가 과대 포장된 사탕발림으로 느껴지기 때문이다. 이는 비단 필자의 생각만은 아닐 것이다. 특히 약품과 화장품류는 더더욱 그렇다. 그들의 말대로라면 이 세상에서 병으로 고생할 사람이 하나도 없을 것이며, 미인 못 될 여자 아무도 없을 것이다.

약품 중에 특히 진통제라는 것은 인체에 작용하여 일시적으로 아픔을 멈추게 하거나, 그 아픔의 속도를 늦추게 하는 정도의 효력단 있을 뿐 근본적인 치유력을 갖지 못하는 것으로 알고 있다. 그럼에도 불구하고 뭇 선남선녀(?)를 동원하여 수십 종의 약품들이 갖은 이름으로 소비자를 현혹하고 있으니 오히려 어떤 약품을 써야 할지를 판단하는 데에 더 골치가 아플 지경이다. 화장품의 경우는 어떤가?

잘은 모르겠으나 아마 클렌징크림을 제외한 대개의 화장품들은 여인들의 피부를 숨 쉴 틈 없이 포장하여 오히려 원래의 피부를 거칠어지게 하고 탄력을 잃게 하는데 일조하지 않나 싶다. 그럼에도 매스컴에서는 아름다워지고 싶은 여인들의 욕망을 이용하여 미인들을 앞세운 과대 선전에 열을 올리고 있다. 그러다 보니 비싼 광고비 때문에 생산 가격보다 몇 배 이상으로 판매 가격이 형성되고 있는데, 결국 소비자는 아름다운 모델 여인에게 이끌려 필요 이상의 화장품 대금을 지급하고 있는 셈이 된다.

물론 기업 입장에서 보면 매출액 신장을 위해 동원 가능한 판매 기법을 여러모로 활용해야 함이 당연한 경제 원리이기에 이들을 무작정 나무랄 수는 없으나, 기업 스스로 자성의 기회를 가져야 할 것이다. 소비자들도 이러한 광고 문화에 익숙해지고 무감각해져 버린 것에 대한 책임이 있으며 감독을 하는 관청도 더 이상 방치해서는 안 된다. 물론 무슨 심의위원회라는 것이 있어 과대한 광고에 제재를 가

하고 있다지만 수박 겉핥기식이 아닌가 한다.

다행스러운 것은 일부 기업들은 자신의 이미지 쇄신을 위해 제품 자체의 P·R보다는 기업의 이념과 경영 방침, 미래의 청사진을 홍보하는 것으로 방향을 바꾸어 있어 신선함을 느끼게 한다. 앞으로도 이러한 기업들이 더욱 늘어났으면 하는 바람이다.

결국 소비자가 신뢰하는 참신한 기업에서 생산되는 상품을 우리 모두가 선택하게 되는 것이지 사탕발림으로 포장된 광고 문구에서 상품을 선택하는 시기는 벌써 지나 버렸기 때문이다.

1992. 7.

04
탈선하는 나무꾼과 선녀들

어릴 적부터 익히 알고 있는 옛이야기 "나무꾼과 선녀"를 떠올려 보자. 순박한 산골 사나이가 평소 소원이었던 예쁜 색시를 아내로 맞아 행복을 누리다가, 그만 아내의 간청에 못 이겨 날개옷을 건네주는 뜻하지 않은 실수로 사랑하던 아내와 잠깐 생이별을 하고 만다. 하지만 마침내 두레박을 타고 승천하여 재회의 기쁨을 맛보는 행복한 이야기다. 물론 옛 이야기가 다 그러하듯이 위험의 순간에서 나무꾼이 구해 준 사슴이 사람처럼 말을 하는 것, 그 사슴이 나무꾼에게 선녀를 얻는 과정과 재회하는 방법까지 알려주는 것은 현실성과 동떨어진 억지 이야기이다.

인간 세계에서 자의 반 타의 반으로 자식을 낳고 남편과 살아가던 선녀는 그와의 불화나 반목(反目) 때문이 아니고 오직 고향(?)에 두고 온 부모와 향수를 못 잊어 착한 남편을 잠깐 버리기는 했지만, 때 묻지 않은 청순한 모습으로 인간 세계에 적응하고 있다.

이 이야기는 그저 단순한 재밋거리로 전래되는 옛 이야기에 불과하지만, 어릴 적 그 이야기를 읽었던 우리는 과연 누구의 편에서 있었을까?

선녀가 억울하게 붙잡혀 홀로 남게 되어 측은함을 가진 것도 당연한 일이었겠으나, 한편으로는 때 묻지 않고 착하게 꿋꿋이 살아가는 나무꾼에게 축복의 손뼉을 친 것도 사실이었다.

비록 바르지 못한 방법으로 노총각 신세를 면하기 위하여 목욕하는 선녀의 옷을 감춰 억지로 아내를 맞았으나, 그 후 아내 섬기기를 엄동설한의 화롯불 다루듯 하였고 심덕 또한 그지없는 그가 아니었던가! 단지 찢어지게 가난한 살림이 흠이었지만.

하늘에서 내려온 선녀는 착한 남편으로부터 그야말로 여태껏 느껴보지 못한 인간미에 감화되어 힘든 산골 생활을 그의 따뜻한 사랑으로 견딜 수 있었으나 마음 한구석에는 자신을 걱정하고 있을 가족 생각에 대한 안타까움으로 가득 차 있었을 것이다.

우리는 이러한 양쪽의 모든 입장을 이해하고 수용할 수밖에 없었기에 작가의 이야기 전개에 마음만을 조였을 뿐 선뜻 누구의 편에 설 수가 없었다. 그래도 마음씨 착한 나무꾼이 두레박을 타고 하늘을 오를 때는 모두가 뿌듯한 마음으로 걱정을 버릴 수 있었다.

그 후 세월은 유수같이 흘러 오늘에 이르렀고 세상은 정말 엄청나게 변하고 말았다. 옛날의 결혼관은 수용과 체념의 그것이었다면 현재의 그것은 선택과 변신의 개념으로 바뀌고 있다.

개방과 자유분방함으로 대표되는 서구 사회의 새로운 물결이 마침내 이곳 동방예의지국이라는 조그만 나라에서도 착륙하여 오늘날 남녀의 결혼관이 서구의 그것을 능가할 정도로 변하고 있으니 격세지감에 얼떨떨할 뿐이다.

최근 우리 사회의 부부 이혼율이 급격히 늘어나고 있다고 한다. 그것도 고학력층과 결혼한 지 얼마 되지 않은 20~30대에 그 빈도가 더 하다고 하니 식자층(識者層)과 젊은 층의 용단이 놀랍기만 하다.

심지어는 결혼식을 올리고 초야(初夜)에 들기도 전에 등을 돌리고 안녕을 외치는 초속결파(超速決派)가 있는가 하면 수가 틀리면 앞뒤 가리지 않고 남남이 되어 버리는 유아형 – 앞뒤를 가리지 못하니까 – 이 허다하다는 것이다.

자고로 결혼이란 각기 다른 인격체의 남녀가 만나 하나가 되는 인위적 창조 행위로 신성한 결합이건만, 오로지 물욕과 이기심의 노예가 되어 스스로 거울을 깨뜨리는 위장된 원앙이 늘어간다면, 그들은 이미 인간이기를 스스로 거부하는 것이 아니고 무엇이겠는가? 또한 인격과 윤리가 철저히 배격된 남녀의 만남이라면 금수(禽獸)의 그것과 무엇이 다르리오.

물론 서로가 자라 온 환경이 다르고 성격과 추구하는 이상이 상이한 입장에서 하나가 되어 마찰 없이 일생을 보낸다는 것은 애당초 기대할 수 없는 일이다. 그러나 그 마찰과 불협화음을 서로서로 줄이고 인내하는 과정에서 새로운 사랑이 솟구치고 그것을 다시 믿음으로 승화시키는 일을 상호 책임으로 인식한다면 새로운 문제로 대두되는 이혼율을 심각하게 만들지는 않을 것이다.

인간이 신이 아닌 이상 누구나 잘못을 저지를 수가 있고, 또한 잘

못 이해하고 잘못 판단할 수 있는 일이다. 여기에서 오해를 일으키게 되고 감정이 분노로 변하며 나아가 반목과 갈등으로 발전하게 된다. 그러나 우리가 여기에서 잠깐만 마음을 비우고 생각할 일은 누구든지 이러한 장면에서는 마음을 진정하여 자신의 탓으로 돌려야 한다는 점이다.

물론 이렇게 하기가 쉬운 일은 아니리라. 그렇지만 어느 누구나 자신의 잘못을 흔쾌히 수용하면 마음이 편해지며 상대를 용서할 수 있게 되는 것을 체험을 통해 알 수 있게 되니 부디 속는 셈 치고 그렇게 해 볼 터이다.

요컨대 부부의 불화나 이별은 그 어느 쪽도 잘했노라고 손을 들어줄 수 없는 일이다. 손뼉도 마주쳐야 소리가 나듯이 반목과 질시는 어느 일방으로 성립될 수가 없는 일이며, 따라서 마주 쳐주지 않는 자가 결국은 이기는 것이고 나이가 많고 적음에 관계없이 큰 어른이 된다고 보는 것이다.

이러한 논리에도 불구하고 헤어질 수밖에 없는 특수한 경우도 있기는 하겠지. 그러나 지금의 신세대들은 인내하지 못하고, 기다리지 못하며, 오래 머무르지를 못하는 것 같다.

결혼 이전의 피치 못할 과거 때문에, 결혼을 재산과 저울질하려는 파렴치한 비인간성 때문에, 아무 쓸모도 없는 가문의 황폐라는 반시대적인 생각 때문에, 성격이 안 맞는다는 것 때문에 사람들의 축복을 받고 엄숙히 치렀던 맺음의 시간을 헌신짝처럼 내팽개치는 사람들이 만연하고 있는 것이다. 이러한 모든 것은 극도로 팽배해지는 이기심과 자기중심으로 행동하는 잘못 된 양심의 잣대 때문에 일어나는 슬픈 현상이다.

오늘의 이런 모습은 옛날 나무꾼과 선녀의 그것이 이미 아니다.

탈선한 나무꾼과 선녀들, 아마 아이들을 양손에 안고 멀리 사라져 가는 선녀를 향하여 이렇게 외치리라. 그래 잘 먹고 잘 살아라. 어디 이 세상에 선녀가 어디 하나뿐이냐. 옷 한 벌 다시 훔치면 새 인생이 시작되는데. 아니 어쩌면 일찍부터 속으로 원하고 있었을지도 모를 일이다. 속으로는 쾌재를 부리며 손바닥의 아픔은 전혀 못 느끼고 손뼉을 치고 있으리라. 차라리 그의 입가엔 묘한 웃음이 감돌고 또 다른 흥분과 설렘이 가슴속에 꽉 차 있을 것이다.

나무꾼들뿐이 아니다. 혈육을 양손에 안고 떠나는 선녀의 모습도 찾기 힘들다. 양손에 혈육 대신 요란스럽고 화사한 색깔의 장신구를 칭칭 감고 "내 청춘 다시 한 번"을 외치며 총총걸음을 하는 변질된 선녀의 모습을 우리는 쉽게 볼 수 있다.

만나고 헤어짐을 부담 없이 생각하는 일부 세대들의 사고 전환이 없는 한 현재의 윤리관과 도덕관을 초월한 가공스런 사태가 드래하는 것이 아닌지 염려스럽다. 지금의 우리들뿐만 아니라 후손들도 나무꾼과 선녀 이야기를 신선한 충격으로 간직하기를 바라는 다음이 오늘의 신세대에게도 깃들어 있기를 기대해 본다.

1998. 5.

05

자전거와 친해지자

동그라미 두 개가 신 나게 돌아가며 바람을 가른다. 이마부터 흘러내리는 땀줄기에 바람이 스치면서 상쾌함을 더해준다. 땀이 증발되면서 몸에서 솟아나는 열기를 빼앗아 가니 그 시원함이란 더할 나위가 없다.

특히 꼬불꼬불한 비탈길을 오를 때면 젖 먹던 힘까지 다 쏟아가며 페달을 밟지만, 일단 정상에 오르면 그때부터는 그야말로 손 안 대고 코 풀기식이다. 핸들만 똑바로 잡고 있으면 만사가 형통이다. 그때의 기분을 맛보지 못한 사람에게 어찌 그 짜릿함과 상쾌함을 이야기할 수 있으리오. 자전거를 탈 때 느끼는 즐거움의 이야기이다.

자전거에 대해 자세히 알아보기 위해 큰 사전을 뒤적거려 보았으나 별로 신통한 것이 없었다. 무슨 물건이든지 원조(元祖)가 있는 법인데, 서로들 원조라고 우기고 있었다. 독일, 영국, 프랑스 그리고 옛 소련 등지에서 자기네들이 제일 먼저라는 것이다. 어쨌거나 자전거는 1620년대에 그 모습을 드러냈다는 기록이 있으나 모양새와 기능이 지금 것과 어찌 비교할 수 있으랴.

아니 이런 쓸데없는 자전거 역사를 옮겨 적으려고 펜을 잡은 것은 아닌데, 각설하고 다시 자전거 이야기로 돌아가 볼까?

베트남이나 중국 등지로 여행해 본 사람들은 곧장 느낄 수 있듯이 그곳 주민들은 교통수단으로 대부분 자전거를 이용하고 있다.

물론 아직도 그곳은 경제적인 문제 등으로 자가 승용차를 몰고 다니는 것은 상상조차 할 수 없는 일이고, 버스나 지하철 등의 교통수단도 대중화 단계에 미치지 못하고 있으므로 자전거가 그곳 주민들의 애용물이 되고 말았으나, 출퇴근 전후의 이른바 러시아워에는 넓고 긴 도로에 온통 자전거 물결이 수를 놓고 있다. 자전거를 많이 타면 두말할 나위도 없이 체력 증진에 도움을 준다. 심폐 기능이 활발해지고, 하체 부위가 발달해 허리와 허벅지에 군살이 붙을 틈이 없다.

그래서인가 베트남 사람들을 보면 살찐 이가 드물다.

물론 일 년의 절반인 5~10월 사이의 길고도 더운 여름 날씨로 많은 땀을 흘리는 탓에 살이 찔 수 없는 계절적인 요인도 있겠으나, 근본적으로 자전거를 많이 타는 운동량 덕분이 아닌가 싶다.

그러나 계절의 구분이 우리나라와 비슷한 중국인의 경우를 보면, 더구나 기름진 음식을 즐기는 그들에게서도 살찐 사람을 많이 볼 수 없는데 이것 역시 그들도 자전거를 매일 타는 덕에 자연히 꾸준한 몸매 가꾸기를 실천하는 게 아닌가 생각된다. 특이한 것은 베트남인이나 중국인이나 음식 문화가 아주 비슷한데, 그것은 다름 아닌 요리할 때 기름을 많이 넣어 끓인다는 것이다. 흔히 우리가 말하는 느끼하다는 식인데, 그들도 결코 그렇게 조리하여 먹고 싶어서 그러는 것이 아니라는 것이다. 기름진 성분을 많이 섞는 이유는 그곳의 수질(水質)이 좋지 않은 데 주된 이유가 있다 한다. 들은 바로는 수질이 좋지 않으므로 음식을 조리할 때는 오랫동안 끓여서 먹어야 세균 감염에 대한 염려를 줄일 수 있다고 한다.

그러나 더욱 안심하고 음식을 먹기 위해서는 물보다 비등점(沸騰點 : 끓기 시작하는 온도)이 높은 기름기를 많이 넣어 – 120℃에 끓는다고 하던가? – 높은 온도에서 끓여 살균을 한다는 것이다. 어쩔 수가 없어 터득한 생존의 지혜일 뿐 그들이라고 기름진 음식을 마냥 좋아할 리가 없는 것이며, 그것은 결국 하나의 관습처럼 되어 입에 젖어버린 것이다. 또한 식수를 마실 때는 특유의 마른 잎사귀를 넣어 살균시키는데, 천지를 창조한 조물주의 조화를 엿보게 하는 장면이다. 비록 귀찮은 일이기는 하나 나름대로의 생활 방식에 지혜를 부여한 것이다. 자전거 이야기하다가 기름기 음식을 꺼낸 이유는 그들이 그러한 음식 문화를 갖고 있음에도 불구하고 체력이 단단하고 날씬한 것에는 자전거로 인한 운동이 도움을 준 게 아닌가 하고 나름대로 추측해 보았기 때문이다.

우리도 자전거 타기 운동이라도 펼쳐 보자. 어디 유익한 게 한두 가지인가. 따로 돈 들여가며 체력 관리 할 필요 없고, 복잡한 교통 체증에 따른 짜증과 불쾌감에서 해방될 수 있어 좋다. 또 기름 한 방울 나지 않는 이 땅에서 에너지 절약에 기여함으로써 외화도 절약할 수 있으며, 근래 세계적인 문제로 대두되고 있는 공해와 소음 문제도 자전거 타기로 줄일 수 있으니 그야말로 도랑 치고 가재 잡고, 마당 쓸고 돈 줍는 격, 이것이야말로 일석삼조의 효과가 아닌가!

단지 아쉬운 것은 최근 자전거가 너무 고급화되고 모양새에 치우치다 보니 그 값이 너무 높아 대중화에 역행하는 느낌이 많이 든다는 것이다. 단단하면서도 싸고 실용성 있는 자전거를 국민에게 내놓을 수는 없는 것일까? 그러나 무엇보다 제일 중요한 것은 우리들이 기꺼이 수용할 수 있는 마음가짐이 아닌가 싶어진다. 자동차를 타야만 행세를 하고 어떤 축에 낀다는 부질없는 허영심을 버리지 않는 한 힘든 일이다. 그것도 비싼 외제 차나 중대형의 자동차를 선호하는 어리석은 자동차 문화가 사라지지 않으면 어려워진다.

물론 자동차는 이제 필수품이며 사치품이 아니다. 긴 여행이나 장거리 업무를 위해서는 자동차가 당연히 필요하다. 그러나 가까운 시장에도, 아이들 통학에도 자동차가 분별없이 이용된다면 그것은 분명 사치와 허영으로 간주된다는 것이다.

우리나라보다 경제가 튼튼한 가까운 대만 국민의 근검성을 우리는 잘 알고 있으며, 평소 검소한 생활을 몸소 실행한 방콕 어느 청백리의 모습도 보았다. 그러나 어느 누가 시켜서가 아니고 스스로 변화를 이끌어내야 한다. 이런 말을 하고 있는 필자부터 마음을 고쳐먹지 못하고 있으니 그저 부끄럽기만 하다. 식구들 모두 함께 쓸 수 있는 중고 자전거라도 하루 빨리 구해 놓아야겠다.

1995. 5.

06

ABCD

철학적인 차원이 아니더라도 인간이 존재하는 이유가 무엇인가에 대해 간혹 이야기들을 한다. 아무리 인구가 기하급수적으로 증가하여도 인간은 종족을 보전해 나가야 할 의무와 책임이 있는 것으로 생각되며, 이것이 인간이 존재하는 하나의 이유가 되고 이 목적에 부응하는 것이 바로 혼례라고 본다. 물론 세상에는 상식화된 어떤 기준을 부정하고 사는 사람도 간혹 있다. 단순히 결혼을 즐기기 위한 방편으로만 인식하여 부부가 계속 돈을 각각 벌면서 자식은 갖지 않는다는 이해 못 할 부류도 있지만 – DINK 족이라고 하던가? Double Income No Kid – 아무튼 결혼은 인생의 가장 중요한 대사(大事)로 인식되며 이에 수많은 선남선녀들이 매일 짝을 짓고 있다. 남녀가 결혼에 골인하기 위해서는 짧게는 수개월 길게는 몇 년에 걸쳐 상대를 파악하는 기간이 필요하다. 옛날에는 남녀칠세부동석이라 하여 결혼을 하는데도 신랑신부가 서로 누구인지도 어떻게 생긴지도 모르는 상태에서 첫날밤을 맞았다고 한다.

대개 가문을 중심으로 바깥사돈끼리 약속을 하여 식을 올리는 것이다. 요즈음은 연애 기간에 서로를 파악하고 뜻이 맞으면 결혼으로 골인하는 경우도 많지만, 아직도 소개를 통한 맞선 – 요즈음은 소개팅으로 진화하였다 – 이 짝짓기 방법에서는 주류를 이룬다.

흔히 선을 본다는 것을 한자로는 관선(觀善)이라고 했다. 즉, 상대의 착한 점을 보고 결정하라는 긍정적인 뜻일 게다. 그런데 요즈음은 어떤가? 상대의 성품이나 내면이 우선시되어 호감을 쌓고 더더욱 발전적 단계를 거쳐서 결혼에 골인해야 함이 타당할진대 겉으로 보이는 것에만 집착하고 있으니 관선의 의미는 퇴색되고 말았다. 남녀 쌍방 간에 모든 초점이 뒤틀리고 있다면 지나친 지적일까?

가문과 학벌 재산에만 기준을 두고 미래를 함께할 상대방의 인품이나 내면이 뒤로 처져 있는 현실이 안타깝다. 물론 수려한 용모, 훌륭한 인격, 뒤지지 않는 재력을 갖춘 상대라면 마다할 사람이 어디 있겠는가마는, 모든 것을 갖추기가 쉬운 일은 아니다. 무엇보다도 가증스러운 것은 상대의 재산이나 사회적 지위를 제1의 요소로 삼는 것이며 거기에 따라 선남선녀가 상품화되어버리는 것이다. 잘 알려진 대로 소위 일류 신랑감에게는 열쇠가 3~4개 쥐어지고 그 열쇠로 문을 열면 초호화 가구와 외제품이 가득 채워져 있다고 한다.

딸과 아들 가진 부모들이 훌륭한 사위와 며느리 얻고 싶지 않은 사람이 어디 있겠느냐마는 이것이 어디 열쇠나 비싼 물건과 거래하는 것이지 어찌 사람과 사람끼리 인연을 맺는 것이라 할 수 있겠는가? 더구나 지참금까지 요구하여 그것이 미흡하면 구타까지 서슴지 않는 일류 신랑(?)이 있다 하니 기가 막힐 노릇이다. 그러다 보니 딸 가진 부모들은 빚을 얻어서라도 어느 정도 구색을 갖추려고 하건만 한 번 휘어진 허리를 펴는 데에는 많은 시간이 필요할 것이다.

요즈음은 남아 선호 사상으로 남자애가 여자애들을 수적으로 앞서기 시작했다는데, 글쎄 20년쯤 후면 결혼을 위해 남자 측의 몸부림이 되레 심해질 것으로 상상되어 쓴웃음이 난다.

결혼 예물로 구리반지를 신부에게 선사하여 그것을 잃어버리거나 도둑맞을 염려가 없고 – 값이 싸니까 – 해서 더욱 더 값진 징표로 보존했다는 백범 김구 선생의 이야기는 시사하는 바가 많다. 이러한 이야기야말로 우리에게 값진 교훈이 되어야 한다. 자, 선남선녀 여러분! 그대들의 영원한 반려자를 택하는 데 무엇을 기준으로 할 것인가에 명쾌한 해답을 제시한다. 그 답은 A, B, C, D이다.

ABCD는 잘 아는 대로 평범하고 상식적인 순리를 뜻한다. 즉, 상식적이고 평범한 선에서 상대를 찾으라는 뜻이다. 또한 Ability, Body, Character, Dash 이 네 단어 앞 철자에서 따온 ABCD에 따르라는 뜻이다. 즉, 능력 – 여기서 능력은 경제적인 능력이 아니라 어려움에서도 헤어날 수 있는 강력한 힘을 뜻한다. – 건강한 신체, 훌륭한 성품, 그리고 추진력을 의미한다. 글로는 무슨 말을 못하랴. 너무 허황된 표현이 되고 말았지만, 상대방의 지위나 재력, 학벌 등 외형적인 요건에만 너무 치우치지 말라는 뜻으로 이해하길 바랄 뿐이다.

1994. 2.

07

아버지의 지혜

요즘 미국을 위시한 선진국들에게서는 금연 운동이 확산되어 가고 있는 추세이나 한국은 오히려 흡연 인구가 늘어 가고 있다. 덕분에 한국을 좋은 담배 시장으로 여기고 공략 대상에 올렸다 하니 세상이 많이 변하기도 했다. 얼마 전까지만 해도 외제 담배를 피우면 벌금까지 물리던 시절이 있었건만. 아직도 흡연 예찬론자들은 담배를 서로 권하면서 원만한 대화를 이끌고 쉽게 친숙해질 수 있다는 등 좋은 면을 말하고 있지만, 건강에 나쁜 것은 사실이 아니던가?

담배에 얽힌 부자(父子)간의 이야기가 있다. 옛날 농경 사회를 기반으로 한 시대에는 적어도 장남만은 분가(分家)라는 것은 생각조차 할 수 없었다. 따라서 한 가정에서 제일 어른인 가장(家長)과 그의 아들이 나이가 들면 사랑방에서 기거를 하였으며, 아들이 이부자리를 돌보았다. 특히 겨울철에는 부친께서 따뜻한 아랫목에서 편히 주무실 수 있도록 해가 기울기 전에 잠자리를 준비했다 한다. 밤이 깊어 어른이 자리에 먼저 들면 아들도 – 사실은 사오십이 넘는 어른인데 –

그 후에 자리를 잡고 눕는데, 노인인 아버지는 쉬이 잠이 들지 않으니 이런 얘기 저런 얘기로 피곤한 아들을 잠들지 못하게 한다. 그러다가 아버지는 수시로 애꿎은 담배만 뻑뻑 빠시며 전전반측 하시는데 아들 역시 담배를 할 줄 알건만 맞담배를 할 수 없으니 소변보러 나가는 횟수만 늘 수밖에 없다.

이야기를 좀 계속하려면 자식이 부스스 일어나 나가는 바람에 대화가 자꾸 중단되니 아버지도 김이 빠진다. 아들의 잦은 출입 이유를 모를 리 없는 어른이 묘책을 생각해 내기에 이른다. "바로 그것이다. 내 미처 그 생각을 못 했던고."

어른은 속으로 자신의 묘안에 감탄하며 아들에게 명하기를,

"애비야, 담뱃대에 담배나 듬뿍 재워다오, 밤눈이 어두워 전혀 보이지를 않는구나."

그 뜻을 모를 리 없는 아들은 얼른 담배를 듬뿍 재워 마음껏 빨아재낀다. 가뭄에 단비 만난 듯 댓 모금 순식간에 섭취(?)하니 미흡하나마 바깥출입이 필요 없게 되었다. 그런데 이게 무슨 말씀인고? 갑자기 아버지의 목소리가 더더욱 반갑다.

"이놈아 불을 다시 댕겨라. 벌써 꺼져 버려 담뱃대를 빠는 건지 담배를 피우는 건지 웬 참…"

어느새 어른은 그 투박한 엄지로 담뱃불을 짓눌러 꺼 버리고는 담뱃대를 아들에게 건넨 것이다.

그 후로는 부자 사이가 더욱 자연스러워지고 밤이 깊어지면 담배를 아무 거리낌 없이, 예도에 벗어남이 없이 서로 즐기고 다정한 대

화가 계속되었다 하니, 그 아버지의 지혜와 자식 사랑함이 가히 수준급이다.

요즈음 핵가족화가 더욱 심해지면서 가족 간이나 부모 자식 간에 자연스레 대화를 나눌 수 있는 기회마저 줄어든다.

대화가 부족할수록 서로 불신이 생기고, 미움과 이질감이 쌓이며 종국에는 사회 문제로까지 비화하지 않나 싶다. 진솔한 대화를 나눌 수 있는 기회를 서로 만드는 지혜, 특히 기성세대가 양보를 하서라도 젊은이들을 대화의 장으로 이끌어 내는 데 인색하지 말아야 할 것이다.

1991. 2.

08

몸을 내 맡기는 사람들

요새 많이 늘어나는 아파트에는 목욕 시설이 필연적으로 따르고 대부분의 주택도 목욕할 수 있는 시설이 되어 있으나, 아직도 대중목욕탕을 찾는 사람이 많은 것 같다. 우리 민족의 목욕 문화는 서구인처럼 샤워로 간단히 끝나는 것이 아니고 땀을 빼고 난 후 뜨끈한 탕 안에서 몸을 덥힌 후 묵은 때를 벗기는 식으로 익숙해져 있다.

그런데 목욕탕에 가면 자기 몸에 있는 때를 남에게 시켜 닦게 하는 사람들이 더러 보인다. 개중에는 아직도 팔팔한 사람들이 아이들까지 아예 때밀이에게 맡겨 버리는 것이다. 물론 노인이나 기타 몸이 허약한 이유로 부득이 그럴 수밖에 없는 경우도 있을 수 있다. 때밀이에게 지불하는 봉사료가 얼마인지 잘 모르나, 그 돈이 결코 낭비적 요소가 되어서 못마땅하게 생각하는 것은 아니다.

평소 몸이 약하거나 병후에 몸을 제대로 가눌 수 없는 경우를 제외하고는 최소 자기 몸은 스스로 닦아 내야 하는 것이 아닐까? 더구나 자라나는 아이들까지도 때밀이에게 넘겨 버리면 그 아이는 어려서부터 돈이면 무엇이나 해결할 수 있구나 하는 식의 왜곡된 의식 속에서 자라게 되고, 자기 일을 스스로 할 수 있는 자립심마저 잃게 되며, 땀 흘려 일하는 기쁨이 무엇인지도 모르게 되어 종국에는 그 아이를 쓸모없는 인간으로 키우게 되는 것이 아닌가 싶다.

자기 자식 아끼지 않을 사람이 어디 있겠으며 또한 자기 자식 힘들어 하는 것 보고픈 자가 어디 있겠느냐마는 조그마한 것에 연연하다가 결국 자식을 망치는 우를 범하는 것이다.

아이들은 당장은 편안하고 귀찮지 않아 좋아할지 모른다. 그러나 그 조금 편안한 것이 어려움이 무엇인지를 일깨워 주지 못하고 매사를 편안하게만 살아가려고 하기에 그 아이를 망치게 하는 것이다.

인간의 습관은 무서운 것이다. 미래 세대를 책임져야 할 우리의 후세들이 그렇게 허약한 모습으로 성년이 되었을 때 어떻게 더더욱 복잡해지고 경쟁화되는 국제 사회에 대처하고 적응할 수 있을 것인가를 생각하면 결론은 명쾌하게 나올 것이다.

서구인들을 간혹 보노라면, 갓난아기라 할지라도 몸이 아프거나 우유를 먹일 시간을 제외하고는 아이의 울음소리에 냉혹할 만큼 태연해하고 때로는 거들떠보지도 않는 것을 볼 수 있다. 이러한 관습들이 아이들이 자라서 어른이 되었을 때 의타심을 배척하고 스스로 살아가는 지혜를 터득하게 하는 밑거름이 된다고 본다.

당장 조금 힘들더라도 미래를 생각하는 현명한 어른들이 많아져야겠다. 그것이 바로 우리의 미래와 연결되는 단단한 고리이기 때문이다.

때밀이를 하여 밥벌이를 하고 있는 사람에게는 미안한 이야기가 되겠지만, 특히 아이들에게는 서로서로 등을 밀어주는 습관을 가르쳐 주는 것이 일찍이 협동심도 길러주고 끈끈한 정을 느끼게 하는 지름길이 아닌가 한다.

국회의원으로 당선된 어느 의원은 4년 동안을 하루같이 유권자의 등을 밀어주면서 득표 활동을 했다는 일화가 있었는데, 대중탕에서 맨몸으로 대화를 나누고 정을 쌓는 것이 술을 사 주고 밥을 사 주는 그 어느 것보다도 진솔하고 꾸밈없는 좋은 본보기가 아닌가.

비록 이런 특정의 목표 달성을 위해서 남에게 몸을 맡기지 말자는 것이 아니고, 어떤 일이든 몸소 해결할 수 있는 것은 스스로 하자는 뜻에서 목욕 문화 이야기를 꼬집어 낸 것이다.

1990. 1.

09

집들이 혁명을 기대함

우리들에게 익숙한 집들이라는 풍성한(?) 낱말이 있다. 집들이를 하려면 우선 음식을 준비하는 주부가 곤욕을 치르게 되는데, 아마도 손님을 다 보내고 난 뒤부터는 몸살을 하느라 며칠 동안 끙끙 앓게 될 것이 뻔하다.

그도 그럴 것이 집들이는 관례적으로 신접살림을 시작할 때부터 이 고통의 역사가 막을 여는데, 우선 신랑신부의 친구들을 비롯하여 직장 동료, 가까운 친척에 이르기까지 수차례의 홍역을 치르게 되니 몸살이 안 나고 배길 수 있겠는가?

어디 이뿐인가? 신혼부부가 집들이라는 고역을 잊어버릴 때쯤이면, 그사이 태어난 아기의 돌잔치를 한다고 한바탕 소란이며 또 조금 지나면 이사를 하거나 혹은 새로운 집을 장만하느라 진짜 집들이를 하게 되는 고역이 끊일 줄을 모른다.

물론 이런 것들이 사람 사는 재미가 아니겠느냐고 하는데 그것은 그렇다. 문제는 손님들을 맞이하느라고 준비는 음식의 요리나 그 음식의 엄청난 양에 있는 것이다.

즉, 우리나라의 음식 문화, 특히 손님을 맞이할 경우 상다리가 내려앉을 만큼 잔뜩 차려야 준비하는 사람의 마음도 든든하고 찾아온 사람들에게 체면치레가 된다고 믿는데, 이제는 정말 이러한 관습들이 개선되어야 할 때가 되었다고 본다.

아주 어려웠던 옛날에는 이런 기회가 아니면 어찌 마음껏 포식할 수 있겠느냐고 모두들 빚을 얻어서라도 음식을 듬뿍 장만하여 먹고 즐기기도 했지만 지금은 상황이 사뭇 달라졌다. 물론 아직도 절대 빈곤층이라는 어려운 생활을 하는 사람들도 있기는 하지만, 대부분이 그런대로 먹고 지내는 데는 큰 지장이 없다.

그럼에도 힘들여 음식을 산더미같이 장만하여 자리가 끝날 무렵에도 많은 양의 음식이 남게 되어 버리거나, 혹은 음식을 장만한 주부가 재탕, 삼탕으로 먹게 되는 경우가 허다하여 경제적으로도 큰 손실이다.

서양의 경우도 집들이가 물론 있다. House warming party라 하여 새로 집을 장만하거나 이사했을 때 우리처럼 손님을 초대하여 정의(情誼)를 나누고 있다. 그러나 우리의 경우와는 달리 특이한 몇 가지 음식 – 그 집의 전통 음식이나, 특히 자랑거리가 될 만한 – 을 만들어 부담 없이 먹고 즐긴다.

우리의 음식 문화 전통에 비춰볼 때, 아마 그들 식으로 대충 몇 가지 음식만 준비하여 손님을 초대하였다면 구두쇠라고 흉을 보거나 더러는 빈정거리기도 할 것이다. 그러나 설마 어떤 비난을 받더라도 누군가가 앞장서서 그러한 전통을 깨뜨리고, 보다 실속 있고 알뜰한 음식 문화를 창조(?)해야 한다고 본다. 다 먹지도 못할 음식을 힘들게 차릴 필요가 있겠는가? 앞서 예를 든 서양인들처럼 특이하고 자랑거리가 될 만한 몇 가지라도 정성들여 차린다면 서로 부담이 없게 되고, 종국에는 모든 사람들이 이러한 관습을 수용하게 되어 자연히 계승될 것이다. 결국 혜택을 공유하게 되는 것이다. 또한 음식 준비를 참석자끼리 하나씩 도맡아서 자신 있는 음식을 가져 오는 방법도 좋은 전통이 될 수 있다. 서양에서도 이러한 양식이 보편화되어 있다고 한다.

한편 음식을 다 먹고 난 후는 어떤가?

언젠가부터 우리 사회의 놀이 문화로 정착해 버린 속칭 "고스톱"이라는 화투 놀이가 이때부터 시작되었는데 이것 또한 손님을 맞은 주부들에게 큰 고역이다.

손님을 초대한 이상 끝까지 수발을 해야 됨이 주인의 도리이고 보니 이미 파김치처럼 지쳐버린 피곤한 몸을 이끌고 계속 술시중에 안주까지 보살펴야 하는 것이다.

물론 건전한 놀이 문화가 보급될 만한 것이 없고, 스트레스를 풀 길이 없다는 미명하에 "고"와 "스톱"을 외쳐대는 세태를 이해 못할 바는 아니다. 다만 남의 입장을 아랑곳하지 않고 죽치고 앉아 민폐를 끼치는 우리의 습관도 당연히 개선되어야 할 것이다.

한두 시간의 즐거운 식사 후에 담소로 끝내고, 설사 "고"와 "스톱"을 외치더라도 주인을 새벽까지 피곤케 하는 집들이 문화는 사라져야 할 것이다.

이것은 우리 사회의 모든 사람들을 위한 이로운 일이며, 시대의 변화에 따른 당연한 순리이기도 하다. 이제 기어코 "집들이 혁명"을 우리들 스스로 일으켜야 할 때가 온 것이다.

1990. 5.

10

나녀(裸女)의 변

우리나라의 산업 구조가 취약하여 남녀 가릴 것 없이 직장을 구하기가 힘든 시대가 있었다. 1960년대만 해도 일자리 찾기가 어려워 그저 하루 밥 세끼만 얻어먹고 잠잘 곳을 제공 받는 정도라도 감지덕지했던 기억을 지금의 기성세대들은 누구나 갖고 있다.

그때는 요새처럼 흔하디흔한 "보너스"라는 말이 있는 줄도 몰랐고 설사 알았다 하더라도 어찌 그것을 감히 기대할 수 있었으랴. 주인 잘 만나 몇 푼 월급이라도 제때에 받는 것만도 고마워 연신 허리를 굽실거릴 정도였으니 말이다.

사실은 일에 대한 당연한 보상을 받는 것인데도 일자리는 모자라고 일손은 남아도는 이른바 수요 공급의 불균형 때문에 일터에서 쫓겨나지 않을까 하는 두려움에 매일매일을 전전긍긍하며 살아가는 사람들도 적잖았을 것이다.

보너스에 얽힌 우스운 이야기가 있다. 어느 직장에서 처음으로 종업원들에게 보너스를 지급하게 되었는데 모두가 웬 떡이냐 하고 벌어진 입을 다물지 못했다. 어느 종업원이 늦게 이 소식을 듣고는 사무실에 뛰어 들어가 “나는 왜 도나스(도넛)를 안 줍니까?” 하고 항의를 하는 바람에 자리에 있던 모든 사람들이 웃음보를 터트렸다고 한다. 그 종업원이 동료로부터 “보너스”를 받았다는 전갈을 받고, 간식(間食) “도나스”가 나온 줄로 잘못 알아듣고 부랴부랴 자기 몫을 챙기려 사무실로 간 것이었다.

보너스라는 말은 라틴어로서 원래의 뜻은 나녀(裸女, Naked woman)라고 한다. 중세기경 전쟁이 심했던 어느 나라에서 오랫동안 전쟁터에 나갔다가 이기고 돌아오는 병사에게 승전에 대한 격려조로 보너스를 주게 되었는데 이른바 최초의 물질적인 상여금(?)이라고 할까?

보너스를 영 · 중(英中)사전에서 찾아보니 화홍(花紅)으로도 표기가 되고 있었는데, 어원과 비교해 보니 일리가 있는 것도 같다.

지금은 보너스라는 단어가 봉급생활자들에게 아주 친숙하고 없어서는 안 될 사막의 오아시스로 자리를 잡고 있다. 특히 매월 받는 급료에서 적자가 날 정도로 물가가 치솟고 있으니 만약 보너스가 없다면 구멍 난 가계를 메울 길이 없으리라.

그러나 문제는 이것이 나올 것이라고 예상하여 월부나 할부로 불요불급한 물건을 구매하거나 은행에서 미리 돈을 빌려 써 버리는 이른바 과소비 가구들이 늘고 있다고 하니, 이러한 부분은 반드시 개선되어야 할 소비 패턴이 아닌가 생각된다.

또한 기업주나 종업원들이 보너스를 일시적인 격려금이나 장려금으로 생각지 않고 정기적인 보수나 당연한 지급금으로 인식하고 있는

데 이것 또한 잘못된 사고가 아닌가 싶다. 이 세상에 보너스 받기를 싫어할 사람이 있겠느냐마는 이것은 기업의 영업성과가 우수할 때 지급되어야 할 비정기성, 불특정성의 덤으로 인식되어야 할 것이다.

최근 민주화 물결에 편승하여 근로자들의 목소리가 높다 보니 본의 아니게 기업주들이 보너스 지급률을 높이게 되어 어떤 기업은 평균으로 계산할 때 거의 매월 보너스를 50~100%씩 지급하는 사례를 볼 수가 있는데 우리는 이점을 분명히 짚고 넘어가야 하겠다. 이익이 많이 난 것은 노사협조가 잘 이루어지고 모두들 열심히 일을 하여 발생된 것이기에 근로자의 몫으로 돌아 가야한다는 이론이 틀린 것은 아니라고 본다.

근로자의 입장에서 보면 많은 상여금을 받는 것이 좋다. 어느 누가 마다하겠는가. 그러나 이것이 결국 기업의 경쟁력을 잃게 하고, 우리를 추월하려고 하는 경쟁국에 생산 기지를 빼앗기고 외국 바이어의 발길을 돌리게 하는 결과를 가져오는 것이다. 우리나라가 선진국 대열에 들어섰으나 비슷한 경쟁적 위치에 있는 소위 신흥 공업 국가들에 뒤지는 점이 있다면 기술이 아닌 개발과 연구에 대한 투자가 절대적으로 부족하다는 것이다.

우선 먹기에는 곶감이 달다. 그러나 근로자들이 현재 많은 곶감을 원하고 있다면 먼 훗날에는 먹을 곶감이 없다는 사실을 명심해야 할 것이다. 즉, 미리 먹지 말고 조금씩 천천히 오랫동안 먹자는 것이다. 우리가 먹고 싶은 곶감의 일부를 기업이 새로운 투자와 개발에 사용할 수 있도록 빌려 준다고 생각하면 되는 것이다.

나는 근로자들에게 매를 맞는 일이 있더라도 이 주장을 굽히지 않으려고 한다. 물론 적정한 수준의 임금과 보너스가 유지되어야 한다는 전제하에서의 주장이다.

돈이라는 것은 요물이어서 쓰면 쓸수록 쓸 곳이 많아지고, 더 갖고 싶은 것이다.

결국 기업이 무리하게 지급한 상여금 등이 생산적이 아닌, 사치성 물품이나 과소비 쪽의 비생산적이고 바람직하지 못한 용도로 쓰인다면, 기업이 죽거나 국민 모두 이득이 없고 제살깎아먹기가 되어 종국에는 초라한 미래만 보일 뿐이다.

물론 종업원을 혹사시키고 자신의 이득에만 급급한 비윤리적, 반사회적인 악덕 업체도 아직 있다고 본다. 이런 기업은 국민의 이름으로 과감히 도태시키고 응징해야 할 것이다.

아무튼 지금부터라도 노사 간의 합의가 이루어져 현재만 생각하는 어리석음을 과감히 떨치고 미래를 멀리 내다보는 배경 조성에 힘쓰고 아울러 연구, 개발에 적극성을 가져야 할 것이다.

이것은 노사 간의 현명한 합의에서 도출되는 것이며 어느 일방의 시도에서는 불가능하다. 즉, 노사 간의 합의와 이해 속에서 가능한 것이다. 우선 보너스 몇 푼 더 받는 것에 혈안을 하는 근로자가 있다면 그의 미래에 어두운 터널에서 영영 벗어나지 못할 것이다. 지금 갖고 싶은 나녀(裸女)를 갖지(?) 말고 먼 훗날 더욱 아름다워진 그녀를 안게 될 순간을 상상하면 간단하다.

다시 말하지만 이것은 양심적이고 진취적인 경영주의 기업관이 확실히 보장되는 전제하에서의 약속이다. 나녀(裸女)는 말한다.

"먼 훗날 더욱 아름다워진 나를 갖기 위해 오늘은 참아주세요."

1990. 4.

11

비틀거리는 외래어들

우리의 생활과 경제 구조가 국제적인 추세에 맞춰 나갈 수 밖에 없는 현실이고 보니 주위에는 외래어가 자연스레 통용되고 있는 것이 지금의 실정이다.

외래어는 쓰지 말자는 캠페인도 일고 있지만 나는 외래어를 사용하지 말자는 주장에는 선뜻 동의할 수 없다. 이 세상에 제 나라와 제 나라말을 사랑하지 않는 자는 없으리라. 그러나 그것이 결코 꼭 제 나라말만 쓰는 것과는 의미를 같이 한다고는 볼 수 없기 때문이다. 또한 복잡하고 기능화되어 가는 현대 생활에서 어떤 뜻을 바르게 전달하기 위해서는 외래어가 본래의 뜻을 보다 가깝고 정확하게 전달해 줄 수 있기 때문이다.

문제는 외래어를 쓸 때 그 뜻을 정확하게 알고 써야 할 곳에 쓰자는 것이다. 특히 일제 강점기에 어쩔 수 없이 굳어져 버린 일본어나 그들의 어색한 영어 발음이 아직도 아무 거리낌이나 부담 없이 사용되고 있는 것을 보면 개탄스럽고, 어두웠던 그 시대의 관습이 지금까지 뿌리 박혀 있는 것에 소름이 끼칠 정도이다. 우리말을 사용해도 되는데 구태여 일본어가 부담 없이 사용되는 주요 낱말들을 대충 들어보면 에리(깃), 와리바시(나무젓가락), 곤색 – "곤" 자체가 감색을 뜻하는 일어인데, 아직도 많은 사람들이 이것이 일어인 줄도 모르고 있는 것 같다. – 아까지(적자), 가오다시(체면 살리기), 가다(어깨), 잇빠이(한 잔, 혹은 가득), 다마(구슬), 오야(두목), 아다마(머리), 데쿠보쿠(요철), 시아게(마무리) 등등 이루 헤아릴 수 없을 정도로 많다.

한편 영어로 이미 통용되고 있지만 일본인들의 특이한 발음으로 잘못된 상태로 우리의 언어생활에 거리낌 없이 행세하고 있는 것도 많다. 예를 들면, 사라다(샐러드), 오라이(올 라이트), 빡구(백), 미싱(머신 – 재봉틀) 밤바(범퍼 – 자동차의 완충 역할을 하는 부분), 구리무(크림) 등이다.

또한 일어와 영어가 합하여 만들어진 다국적 신조어도 가관이다. 가오 마담(얼굴+마담), 가라오케(空+오케스트라), 구찌빤치(口+펀치) 등이다.

영어나 일어 혹은 불어 등이 국제어로 통용되어 버린 것도 많다. 따라서 이런 외래어를 써야 할 곳에는 당연히 써야 한다고 생각한다. 문제는 자신도 모르는 사이에 관습화되어 버린 경우, 혹은 발음을 엉터리로, 또는 억지로 만들어진 단어를 아무 의식 없이 쓰는 데 큰 문제가 있는 것이다.

요새 무서운 인류의 적으로 등장한 소위 후천성 면역결핍증이라는 병명을 에이즈(AIDS)라고 하는 것도 마찬가지로 에이즈를 불필요하게

"후천성 면역결핍증"이라고 장황하게 말할 필요는 없다.

한편 우리나라 사람들끼리는 오해 없이 통하고 있으나, 외국인들은 알아듣지 못하는 외래어가 있다. 남녀노소 없이 즐겨 마시는 콜라라는 것이 그것인데 코크(Coke)가 올바른 표현이며, 흔히 사이다라고 하는 것은 사과수이며 우리가 마시는 그것은 소다 팝(Soda pop)이다. 그리고 주부들이 사용하는 식기 중에 스텐 그릇이라는 것이 있는데, 이것 역시 "스테인리스"가 올바른 표현이다. "스테인"은 "녹슬다"라는 뜻이니 모두들 반대로 말하고 있는 것이다.

아무튼 외래어를 제대로 알고서 쓰고 말하자는 캠페인은 계속적으로 벌여 나가야 할 것이다. 모르고 쓰는 외래어들, 이것은 분명 술 취해 비틀거리는 취객의 모습이라면 너무 지나친 표현일까?

1990. 2.

12

자신에게만 구두쇠가

옛날이야기 중에는 구두쇠에 관한 것들이 많은데 우습기는 하지만 과장된 것들이 더러 있다. 몇 가지를 소개해 보면 어느 구두쇠 집안에 맏며느리로 들어온 새댁이 밥상을 차려 시아버지께 진상을 한다. 밥상 가운데 간장 종지를 본 구두쇠 시아버지가 깜짝 놀라 하는 말,

"아가, 너는 무슨 손이 이렇게도 크냐? 한 끼 먹을 간장을 몇 방울만 떠 놓으면 될 것을 가득 부어 내놓다니!"

이에 며느리 얼굴을 붉히며 하는 말,

"아버님, 그게 아니옵니다. 몇 방울을 내놓으면 금세 말라 없어져 맛보기도 전에 간장만 없어집니다. 저처럼 가뜩 따라 두면 마를 염려도 없고, 드신 후에 큰 사발로 덮어 놓고 계속 다시 드시면 간장 한 종지에 서른 날은 가옵니다."

시아버지가 듣다 보니 그럴싸하여,

"과연 우리 집 맏며느리감일세."

하고 탄복하니 이 구두쇠 영감 보소.

또 다른 간장 이야기가 있다. 저녁녘에 들판에서 돌아온 시아버지가 밥상을 받는데 난데없이 날아든 파리 한 마리가 간장 종지에 앉아 실례를 한다. 깜짝 놀란 구두쇠 영감 기어코 파리를 잡아 뒷다리에 묻은 간장을 씻어 잡수시겠노라고 극성을 떤다. 이를 본 며느리 왈,

"아버님 그냥 두시지요. 우리 간장은 워낙 쓴 소태 – 맛이 아주 쓴 약초 이름 – 맛이라서 파리가 더 이상 덤비는 일이 없을 것이옵니다."

파리 뒷다리에 묻은 간장이 아까워 그것을 챙기려는 시아버지나, 간장 소비를 줄이려고 간장을 소태처럼 쓰게 담근 며느리도 구두쇠 집안에 살 자격이 있다.

생선에 얽힌 구두쇠 이야기 하나 더. 어느 생선 장수가 이 고을 저 고을로 생선을 팔러 다니는데 일 년 내내 생선 한 마리 안 사 먹는 부잣집을 지나친다. 못 사는 가난뱅이들도 일 년에 한두 번은 고기를 팔아 주는데 도대체 대궐 같은 저 집구석에서는 비린 맛을 싫어하여 쇠고기만 삶아 먹는지 궁금증만 생겼다. 생선 장수 속으로 중얼거리기를,

"에라 모르겠다. 내 오늘 장사 거덜 난 셈 치자."

하고는 큼직한 생선 한 마리를 집어 부잣집 담벼락 위로 던진다.

마당에 쭈그리고 앉아 떨어진 보리알 줍기에 넋이 빠진 구두쇠 영감이 느닷없이 날아든 생선을 보고 놀라 하는 말,

"어떤 미친 녀석이 내 살림 망하는 꼴 보고 싶은 게군."

하고는 생선을 집어 담장 밖으로 내던진다. 영감 생각은 이렇다. 이렇게 귀하고 먹음직스러운 생선을 어찌 버리고 싶겠는가마는 생선 반찬이 밥상에 오르면 밥을 많이 먹게 되어 자연 곡식이 축날 것인지라 눈물을 머금고 밖으로 내던진 것이다.

한편 생선 장수는 안쪽의 기척을 살피느라 귀를 기울이는데, 어랍쇼 큰 맘 먹고 인심 쓴 생선이 도로 날아오니 기가 막힌다. 그러나 내친 김에 포기할 수가 없어 또다시 집안으로 던졌다. 이러기를 수십여 회 왔다 갔다 내동댕이친 바람에 애꿎은 생선만 수난이요, 나중에는 생선 살점은 다 날아가고 앙상한 뼈다귀만 남게 되자 이를 본 구두쇠 영감 입가에 웃음이 맴돌고 더 이상 생선은 – 아니 이제는 생선 뼈다귀이다. – 수난을 겪지 않게 되었는데,

"아가, 오늘 저녁 우리도 모처럼 생선 국물 맛 좀 보자. 큰 솥에 물이나 두어 말(斗) 붓고 푹 고아서 식구대로 포식이나 하자꾸나."

하고 며느리에게 이른다. 그날 저녁은 물론이요. 그 생선국을 이레 동안 먹었다던가, 열흘 동안 먹었다던가.

그런데 중이 고기 맛보면 절간에 빈대도 남지 않는다는 말이 있듯이 모처럼 생선국 맛을 본 구두쇠 집안에 문제가 생긴다. 식구들 입이 까다로워진 것이다. 이에 고민이 생긴 며느리가 고심을 하는데, 어느 날 대문 밖에 생선 장수가 지나가는 기척을 듣고는 쪼르르 달려 나가 그를 불러 세운다. 그동안 심기가 뒤틀릴 대로 뒤틀린 그는 속으로,

"이제 드디어 효과가 나타났군. 지들도 사람인데 생선 맛을 모를

라구."

하며 그녀를 맞아 반색하는데, 어랍쇼 이제 며느리 생선을 한 두름을 사려는지 이것저것 뒤적이며 생선이란 생선은 다 만져보며 법석을 떤다. 민어 머리를 손으로 쓰다듬는가 하면 조기 등을 어루만지기도 하고, 대구 배때기를 쿡쿡 찌르니 아까운 곤이(정소)가 그녀 양손바닥에 금방 범벅이 된다. 생선 장수 기분이 썩 내키지는 않지만 웃음을 띠며,

"새댁, 오늘 이 집에 큰 제사가 든 모양이구려. 내 오늘 새벽 배에서 내려오는 싱싱한 것들만 골라 사온 것이니 생선 물일랑 걱정을 마시오."

하니,

"아니, 아저씨 생선들이 어찌 하나같이 물이 갔대유. 이런 썩은 것을 어떻게 조상님께 진상한대유."

하고는 쏜살같이 대문 안으로 들어가 버린다.

어안이 벙벙해진 생선 장수,

"에이 여보슈, 내 생선 장수 10년 만에 내 물건 보고 물 갔다는 사람 오늘이 처음이오. 사지를 않거든 핑계나 말지 에이 더러워서. 내 다시는 이 집구석 근처에 얼씬도 않는다. 퉤퉤"

하고는 사라진다.

집안으로 들어온 며느리 양손에 듬뿍 묻은 생선 비늘이며, 몇 알 발려 있는 곤이를 국솥에 집어넣고 정성스레 씻어내니 한 끼니 국물은 해결이 되었다.

느닷없는 생선국에 연유를 들은 시아버지 한 술 더 떠 하시는 말씀

"아가, 다음부터는 손을 씻을 때마다 아예 집안 우물 속에 집어넣고 씻거라. 그러면 사시사철 우리 식구들이 돈 안 들이고 비린 맛을 볼 수 있을 것이야."

물론 이런 이야기야 재미로 지어낸 우스개이겠으나, 지금 우리 주위에는 구두쇠가 많이 있는 것 같다. 그러나 아끼고 아까워하는 것이 꼭 구두쇠의 모습은 아니라고 본다. 돈과 물자를 아끼고 값어치가 있는 곳에 사용하는 것은 당연한 일이며, 필요한 곳, 써야 할 곳에 돈을 쓰고, 남을 도울 줄 아는 사람은 구두쇠가 아니고 우리가 본받아야 할 사회의 거울이다.

자기 자신이나 가정에서는 물 쓰듯이 돈을 펑펑 쓰면서 남에게는 그야말로 인색한 사람들이 있는데, 이러한 부류의 사람들이 진짜 구두쇠라고 점찍고 싶은 것이다.

자신을 위해서는 요즘 말썽이 많은 강정 식품 섭취에 수백만 원을 아낌없이 들이며, 더욱 가관인 것은 이것을 남들에게 큰 자랑으로 떠벌여대며 돈 시위를 한다. 그러나 어렵고 가난한 주변을 보면 못 본 듯이 싹 돌아서는 것이다.

우리 주변에는 아직도 어려운 사람이 많다. 일을 하고 싶어도 몸이 말을 듣지 않아 겨우 종이봉투를 만들거나 하는 등의 낮은 벌이로 근근이 살아가는 사람들, 도시락 준비가 어려워 점심시간에 남몰래 흘려야 하는 눈물을 삭일 길 없는 안타까운 어린 학생들, 추운 겨울에도 연탄 한 장으로 얼음장 같은 방을 지켜야 하는 양로원의 노인들,

어디 어려운 사람들이 이들뿐이겠느냐마는 당국에서도 일관성 있는 도움의 손길 지원이 필요하다.

명절이나 연말이 되면 어려운 이웃을 돕자는 캠페인으로 떠들썩하지만, 길을 내고 건물을 짓는 일은 많은데, 이들을 돌보기에는 아직도 예산이 부족한 것일까 하는 의구심이 짙다.

우리들도, 아니 나 자신부터 마찬가지다. 구두쇠처럼 살더라도 꼭 도와야 할 곳에 단돈 백 원이라도 기꺼이 내놓을 수 있는 마음이 부족하다.

자신에게는 구두쇠가 되고 어려운 사람에게는 큰 씀씀이를 발휘해 보자. 나도 어려운데 그럴 겨를이 있느냐고 반문을 할 수 있겠으나, 조금만 자신을 채찍질하면 가능하지 않을까 싶다.

아무에게도 모르게 소리 없이 행동하는 것이 더욱 아름다운 일이기도 하고.

1990. 2.

13

사람의 일 - 인사(人事)

인사(人事)라는 한자를 풀이하면 사람의 일이다. 즉, 사람으로서 마땅히 해야 할 일이라는 뜻이리라. 흔히 우리나라는 동방예의지국이라 하여 이것을 우리의 긍지와 보이지 않는 자산으로 여겨왔는데 과연 이런 과찬이 타당한지 반문하고 싶다.

오래 전에 태평양 남단에 있는 조그마한 섬 – 로타(Rota)라는 조그만 섬이고 인구는 1,000여 명도 안 된다. – 에 투자 조사를 위해 잠깐 다녀온 적이 있었다. 손바닥만 한 공항에 내려 렌터카를 타고 시내로 들어가는데 맞은편에서 오는 운전자들이 하나같이 손을 흔들며 미소 띤 모습이 너무나 인상적이었다.

나중에 그 연유를 알아본즉, 그곳의 주민들은 안면이 있건 없건 하루에 몇 번을 마주치더라도 손을 들어 인사를 한다는 것이었다. 그들이 비록 문화적, 경제적 수준이 낮아 아직도 원시적인 생활을 하고 있지만 언제나 웃는 얼굴로 인사를 나누는 아름다운 모습에 형언할 수 없는 존경심마저 들었다.

우리의 현실을 살펴보자.

아침이 시작되면서부터 짜증과 전쟁이 시작된다. 한 치도 양보할 수 없다는 맹렬한 신념하에 오직 자기의 우선을 고집하는 일부 운전자들, 이미 거리의 난폭자로 자처해 버린 대형버스와 트럭의 무서운 질주, 거리를 오가며 마주치는 행인들의 무표정한 얼굴들, 그야말로 웃음을 잃어버린 환자라고 표현하면 너무 지나친 것일까?

미국이나 일본의 경우 행인들을 가만히 살펴보면 대개가 웃음 띤 얼굴이며 낯선 사람들끼리도 가벼운 인사를 하거나 엷은 미소를 교환한다. 만약 우리나라 사람들 중 어느 한 사람이 낯선 사람에게 미소를 보냈다면 정신 나간 사람 혹은 다른 흑심을 품은 자로 치부해 버리지 않을까 싶다.

꼭 아는 사람끼리만 인사를 하라는 법은 없다. 생면부지의 사람, 낯선 외국인에게 상냥한 웃음과 가벼운 인사를 전한다면 밝고 환한 사회가 시작되고 특히 외국인들에게는 우리 민족의 좋은 인상을 남겨줄 수 있을 것이다.

낯선 사람이나 외국인을 그저 호기심 어린 눈 혹은 무뚝뚝한 표정으로 흘낏 지나칠 때 상대방은 마음속으로 우리에게 더 이상 기대할 것이 없다고 믿어 버릴 것이다.

나라가 부강해지고 국민 소득이 더 높아지는 것도 중요한 문제이다. 그러나 웃음 잃은 사람들의 표정, 무표정하고 생기 없는 얼굴들이 우리의 거리를 꽉 채울 때 우리 민족은 그야말로 매력을 상실한 색깔 없는 민족으로 전락해 버리고 말 것이리라는 우려가 앞선다. 정녕 어렵게 닦아 놓은 우리의 경제력도 자랑으로 삼을 수 있겠으나, 환한 얼굴 밝은 웃음이 온 누리에 퍼지는 새로운 이미지를 다음의 자랑으로 삼을 수 있도록 모두가 앞장서야 하지 않을까? 동방예의지국의 칭호를 계속 듣지 않아도 좋다. 그러나 우리의 조상이 이룩해 놓은 자랑스러운 칭호를 더 이상 훼손시키지 않았으면 좋겠다.

1993. 9.

14
피서지는 왜 만원인가?

더위에서 잠시나마 벗어나 에너지를 충전하는 피서, 해마다 여름이 되면 피서 행락이 유행처럼 번지고 있다.

그러고 보면 우리의 선조들은 정말 모질기도 하셨던 것 같다. 다 같은 식구이면서도 손발 이외에는 노출하는 것이 예도에 어긋난다 하여 무더운 여름철에도 긴 바지와 저고리를 입었으며 – 비록 삼베나 모시가 소재였긴 했어도 – 기껏 어두운 밤중에 등물을 하거나 낮에 정자나무 아래서 부채질이나 하며 장기나 두는 정도가 피서의 전부였으니 말이다. 게다가 요새 흔하디흔한 냉장고에 보관된 얼음물 대신 그늘진 옹달샘에서 갓 떠온 시원한 자연 약수 한 그릇이 전부였으리라 생각된다. 왕실(王室)의 경우라면 석빙고에 보관된 얼음을 구경할 수 있었겠지만, 이런 호강을 몇 명이나 누렸을까?

한데, 요즈음은 어떤가?

흔히 휴가철이 되면 거의 경쟁적으로 피서를 떠난다. 물론 현대인의 복잡한 사회생활의 메커니즘은 한시라도 어딘가로 빠져나가고 싶게 만들고, 더구나 폭염 속 아스팔트에서 내뿜는 열기는 가히 살인적이기도 하기에, 시원한 산과 바다로 도망치고 싶은 마음은 충분히 이해할 수 있다. 그런데 문제는 피서를 가는 기간이 거의 동시 다발적인 데 있다. 상황이 이렇다 보니 전국 유명 피서지에는 끊임없는 자동차 행렬에다 수만 인파가 들끓어 아비규환의 지옥이 되고 마는데 이것이 무슨 피서인가? 차라리 집에서 조용히 찬물에 발을 담그고 독서 삼매경에 빠지는 것이 훨씬 효과적인 피서가 아닌가 싶다. 그럼에도 불구하고 너도나도 뒤질세라 피서지로 떠나는 것은 우리가 한 번쯤 짚고 넘어갈 필요가 있다고 본다.

우리 국민들은 그동안 모진 고난과 지금은 전설 속으로 사라져 버린 보릿고개를 겪으면서 나름대로 정서를 함양할 수 있는 시간적인 여유를 갖지 못하다가 이제는 조금 살 만해지니 그 욕구가 한꺼번에 분출되고 있다. 이를테면 마음의 여유를 갖지 못해 그 마음이 빈약한 데에서 피서 행렬도 기인한다고 본다. 피서지에 가지 못하면 소외당하는 느낌이 들어 빚을 얻어서라도 꼭 피서지를 찾아야 하는 것이다.

그러나 현실은 어떤가? 길바닥에서 이미 시간을 빼앗기고 기진맥진하여 목적지에 도착하면 메뚜기도 한철이라고 호시탐탐 노리고 있는 바가지 상혼이 미소를 짓고 있으며, 무질서와 오물투성이로 뒤범벅된 산과 바다에서 짜증만 더하는 고통스런 피서길이 되고 만다. 단지 어디라도 갔다 왔다는 그 하나만으로 주위에 자존감이라도 살리고 가족들에게 할 일을 했다는 안도감에 만족할 수밖에 없는 가장(家長)의 처지가 안쓰럽기만 하다.

이런 까닭에 나는 피서철에만 몰려다니는 휴가 패턴을 과감히 수정할 것을 제안한다. 산수가 수려하고 백사장과 시원한 파도소리가 누구에게나 정겨운 것은 사실이나 그런 곳을 찾으려면 차라리 비수기에 하루 이틀 일정을 잡아 심신을 쉬게 하고, 흔히 말하는 바캉스 철에는 가까운 교외나 시골을 택하는 것이 좋다. 특히 시골에 연고가 있는 경우라면 아이들과 함께하는 시골여행을 권하고 싶다. 그곳에서 농촌의 풍성함을 일깨워 주면서 시냇가에서 물장구도 치고 물고기도 잡으면서 도시에서 메말라버린 자녀들의 정서도 살찌워 주자. 밤이면 모닥불을 피워 놓고 반딧불의 빛과 눈(雪) 빛으로 형설지공을 이룩한 옛 현인들의 이야기를 들려주는 실용적인 피서, 얼마나 좋은가? 멍석 위에 깐 대발 위에 팔베개하고 도회지에서 보기 힘든 밝은 별들을 헤아리며 스르르 잠이 들어도 좋은 그런 피서, 얼마나 멋진 추억이 되지 않겠는가?

피서는 갈 수 있으면 가도록 하되 그 패턴이 바뀌어야 짜증나고 비경제적인 피서가 사라지게 될 것이다.

1993. 2.

15

슬기, 특히 우리 조상의 슬기

슬기라는 말은 정말 마음에 드는 우리말이 아닌가 한다. 한자로는 지혜(智慧)로 표기되는 그것은 사람의 두뇌가 구사할 수 있는 최고의 기술이라고 말하고 싶을 정도이다.

이러한 이유에서일까? 아이 이름을 "슬기"라고 짓는 경우를 더러 보는데 정말 이름으로서도 멋지고 값어치 있는 것이 아닌가 한다.

우리 생활에 슬기가 필요하지 않는 일이 어디 있을까? 우리 생활의 도처에서 절대적인 역할을 하는 것이 그것이다.

슬기에는 사악(邪惡)함과 모략(謀略) 혹은 술수(術數) 같은 흉한 모습은 감히 끼어들 수가 없다는 진실이 있다. 우리는 흔히 조상의 슬기로움을 되씹곤 하는데, 사실 문명의 발달이 극치를 이루고 있는 오늘날에도 그것을 칭송(?)하는 데는 필설(筆舌)로는 역부족이라 말하고 싶다.

우리가 자동화의 단계부터 시작하여 우주의 흐름을 한눈에 볼 수 있는 초시공적(超時公的)인 - 이런 표현이 적절한 것인지 잘 모르겠다. – 문명의 시대에 살고 있지만, 우리의 생활에 묻혀 잘 보이지 않고 느끼지 못하는 조상의 슬기는 어느 고도화된 문명과도 견줄 수 없는 가치가 있다고 본다.

이에 우리 조상이 후세에 계승시킨 슬기의 유형을 되새겨 보는 것도 뜻있는 일이 아닌가 싶어 감히 이런 글을 주제넘게 써 보고 있는 것이다.

우리가 조상의 슬기에 톡톡한 은혜를 입고 있는 것을 어찌 다 헤아릴 수 있겠느냐마는, 그중 첫째를 꼽으라면 누가 뭐라고 해도 김치를 말할 수 있으리라.

상고시대(上古時代)부터 시작되었다고 하는 김치는 이제 세계 어느 사람들에게도 익숙한 우리 고유의 음식으로 자리 잡고 있으며 웬만한 외국인들도 한두 번은 그 맛을 체험하게 되었다.

늦가을까지 들녘에 서 있던 모든 곡식과 채소를 다 거두어들이고 나서 비로소 긴 겨울을 나기 위한 김장을 하는데, 특히 겨울철에 사람들이 섭취하기 힘든 채소류에 있는 각종 영양소를 이듬해 봄까지 계속 먹을 수 있게 함이 김치의 맛에 앞서 독특한 우리 조상의 슬기인 것이다.

어디 음식의 예(例)뿐이랴. 불을 밝히기 어려웠던 시절에는 책을 읽기 위해 여름에는 반딧불을 모아 놓고 그 불빛으로, 겨울에는 눈덩이를 사방에 쌓아 놓고 학문을 연마한 것도 조상의 슬기였다.(물론 이것의 유래는 중국의 진나라 때라는 기록이 있기는 하다)

슬기의 진수(眞髓)를 실감하는 진짜 이야기가 여기 있다.

어렸을 때 의아스럽게 생각했고 또한 측은하기까지 했던 "신랑의 발바닥 패기"의 의문은 그 전말(顚末)을 이해하고 나서야 해갈이 되었는데, 다소 장황스럽지만 이야기를 계속해 본다.

근래에는 남녀가 결혼식을 올리면 가족 친지와 친구들을 모아 놓고 사진 몇 장을 찍고는 신혼여행 간답시고 어디론가 훌쩍 떠나버리지만, 필자가 어렸을 때는 그럴 수가 없었다. 결혼식이 있는 신부 집은 이른 아침부터 북적대기 시작하고, 신랑이 신부 집에 도착하는 정오 무렵에는 혼례식을 구경하느라 동네에서 모여든 사람들로 인산인해를 이루는데, 정작 즐거워해야 할 신랑신부는 그 고초가 말이 아니다. 그래서 어른 되기가 그렇게 쉽지 않다고 거드는 사람들도 있기는 하지만 도대체 예식을 올리는 시간이 뭐가 그렇게 긴지 떡 한 조각 얻어먹으려고 기다리는 사람들도 지루하기가 그지없다. 그 기억이 잘 나지는 않지만 허연 수염을 길게 늘어뜨린 노인 어른이 한지에 뭔가 써서 들고 – 아마도 그것은 식순(式順)이었으리라 – 신랑 출(出) 신부 출(出)을 외치는데 신랑은 곧장 나타나지만, 신부는 웬일인지 쉬이 모습을 보이지 않는다. 대여섯 번 이상을 불러대야 신부는 마지못해 고개를 있는 대로 묻고 나타나는데 그 당시 어른들은 적어도 2~30분은 뜸을 들이다가 나와야 하는 것이 모양이 좋은 것이며 또한 그것이 관례라고 했다. 신부 출(出)한다고 당장 나타나면 처녀가 시집을 못 가 환장이나 했던 것처럼 보여 오히려 추(醜)하다는 것이 당시 필자가 들었던 어른들의 부연 설명이었다. 그 후에도 북향재배(北向再拜) – 아마도 조상들에 대한 인사가 아닌가 싶다 – 를 하는 등등

길고 긴 의식이 진행되는데 하루 종일 서 있는 한 쌍의 원앙이 측은해 보였으나, 정작 신랑을 더더욱 괴롭힐 일은 저녁 시간 이후에 도사리고 있다.

저녁상을 물린 신랑 방에는 어느새 꾸역꾸역 몰려든 동네 젊은이들이 신랑에게 노래를 시키거나 엉뚱한 시비를 걸기도 한다. 마침내 남의 규수를 훔쳐 가는 날도둑이니, 이에 상응하는 형벌을 받아야 한다며 신랑을 두 발목을 꽁꽁 묶어 거꾸로 세운다. 그러고는 대들보에 매달아 놓고 발바닥을 두들겨 패기 시작한다.

어릴 적에 이런 광경을 보고는 신랑이 측은하고, 또 괴롭힘이 너무 가혹하여 동네 장난꾼들이 밉기까지 하였다. 저렇게까지 신랑을 못살게 구는 이유가 무엇일까? 낯선 이로부터 그토록 가혹한 고초와 굴욕을 당하는 신랑은 얼마나 화가 치밀고 있을까?

그는 알고 있다. 이것은 하나의 관례며 또한 자신의 감정을 노출해서도 안 된다는 것을. 그러나 이런 행사에는 신랑을 위한 숨어 있는 배려(配慮)가 있었으니, 그것이 우리 조상의 슬기였던 것이다.

거꾸로 매달아 놓고 그것도 모자라서 두들겨 패는 일이 어찌 신랑을 위한 배려란 말인가? 그러나 우리의 조상은 그러한 일을 은연 중 강요하고 있었으니 그 이유는 다음과 같다.

예로부터 잔칫집은 시끌벅적해야 흥이 돋는 법, 신랑 방에서 고함과 웃음소리가 뒤범벅되면 일단 분위기가 고조되어 동네 젊은이들 – 개중에는 장가를 못 든 총각들도 있었으리라 – 의 쌓였던 스트레스를 풀게 하였다. 그러나 정작 중요한 이유는 긴장 속에서 하루 종일

서 있었던 신랑을 거꾸로 매달아 몸 안의 피를 역류(逆流)시켜 피로를 풀게 하는 물리적 처방에 있었고, 발바닥을 치는 것은 발바닥에 분포되어 있는 여러 신경을 자극하여 신랑이 초야(初夜)에 방사(房事)를 치르는 데 한껏 힘을 발휘케 하여 튼튼한 자손을 낳게 함이니 이토록 깊은 뜻이 담겨 있는 슬기에 탄복할 따름이다. 사람의 발바닥 움푹 들어간 곳에는 용천혈(湧泉穴)이 있는데, 이곳을 두들겨 주면 정력 강화, 피로 회복 등 많은 효험이 있다는 것은 허준의 동의보감에도 기록되어 있다고 한다. 결국 이런 풍습 - 다소 과격하기는 하다. - 은 마을의 노총각들에게는 기분 전환과 스트레스를 풀어 주고 신랑에게는 피로 회복과 정기를 되찾아 주는 일석이조의 슬기인 셈이다.

비록 케케묵은 이야기지만 우리 조상의 풍습과 전통은 결코 우연이 아닌 과학적인 근거에 기반을 두고 있음을 알 수 있다.

강정 혐오 식품에 눈이 먼 사내들이여! 곰쓸개 즙이나, 뱀탕 등으로 정기를 보강할 것이 아니라 이제부터라도 자신의 발바닥이나 부지런히 두들겨 봄이 보다 현명한 처사가 아닐까? 우리 조상의 슬기를 더더욱 계승하기 위해서라도…….

1991. 5.

• 제 3 장 •

추억의 뒤안길

01

무너져 가는 예절

진리는 세월의 변화에도 불구하고 영원한 진리로 지속된다. 그러나 생활 풍속이나 생활 예절은 그 사회의 문화나 경제 여건 변화에 따라 차츰 새로운 모습으로 나타나는 것 같다. 다만 요즈음 윗사람이나 연장자를 대하는 예절이 변해도 너무 심하게 변했다는 느낌이다.

필자가 어렸을 때는 자식을 사랑하는 선친의 독특한 예절 훈련에 어린 시절을 매일매일 고통스럽게 생활해 나갔다. 대충 당시의 생활을 회상해 보면 이렇다.

그때는 어린 아이들이 따로 방을 갖는다는 것은 물론 상상도 할 수 없었으며 따라서 어릴 때부터 – 아마도 5살쯤이 아닌가 생각된다. – 선친의 방에서 기거하게 된다. 우선 아침 기상 시간은 어김없다. 겨울에는 7시, 나머지 계절은 5시면 두말없이 일어나야만 했다. 선친과 함께 잠을 자야 했기에 어른이 일어나시는데 자식이 그냥 누워 있는 것은 상상도 할 수 없는 일이었다. 이것이 습관 되다 보니까 선친께서 기동하시면서 부스럭 소리가 나면 그렇게 잠 많은 철부지인데도 자동적 반사적으로 일어나게 되는 것이다.

취침 시간은 대개 10시인데 아무리 졸음이 와도 책상 앞에 앉아 책을 읽거나 혹은 무언가를 쓰는 흉내라도 내야 하는 것이다. 즉, 어른이 잠자리에 드시기 전에 자식이 먼저 눕는 것 – 병으로 앓거나 하는 경우는 예외 – 역시 있을 수 없는 일이었다.

또한 식사를 하는 경우를 제외하고는 안방에 들락거릴 수가 거의 없었다. 비록 가족들이지만 남자는 여인들이 기거하는 곳에 있으면 안 된다는 말씀이었다. 방 안에서 생활은 이렇다. 어른이 계시는데 앉아서 발을 뻗거나 벽에 기대는 것은 금물이며고, 어른이 편한 자세로 앉으라고 하실 때까지는 꿇어 앉아 있어야 하며, 어른이 방안으로 들어오실 때는 일단 일어나 자리를 잡고 앉으실 때까지 기다렸다가 앉아야 하며, 방 밖으로 나가실 때도 재빨리 일어나야 한다. 또한 어른이 출타하신 후 집으로 들어오실 때 하루에 몇 번이라도 이제 돌아오시느냐고 인사를 여쭈어야 했다. 혹시 방학 때나 명절에 친척 집에 놀러가는 2~3일의 출타 기회를 얻을 때면 출발 전에 반드시 큰절을 올리면서 인사를 드리고 돌아왔을 때도 역시 마찬가지였다.

물론 인사를 올리는 장소도 항상 어른이 계시는 곳에서 한 계단 떨어진 곳이다. 방에 계시면 마루에서, 마루에 계시면 축담 마루 – 마당의 바로 위에 있는 좁은 공간이다. – 어른이 축담에 계시면 마당에서 인사를 올리는데, 축담이나 마당에 깔개가 있건 없건 상관해서는 안 된다.

이러한 생활이 객지 생활을 본격적으로 시작한 고등학교 입학 전까지 계속되었으니 그야말로 선친께서 집에 계시면 두려움과 조심성으로 기를 펼 수가 없었다. 혹시 어떤 일 때문에 선친께서 하루 이틀 집을 비우실 때에는 기쁨에 겨워 뒷마당에서 펄쩍펄쩍 뛸 정도였으니 얼마나 엄하게 교육을 받았는지 가히 짐작할 수 있으리라. 하지만 당시에는 철부지였고 가혹한 훈련이 못마땅하여 항상 불만 속에 하루하루를 생활해 나갔으나, 그 후 철이 들고 결혼을 하고 자식을 갖게 되어 생각해 보니 선친의 사랑이 얼마나 깊었던가를 깨닫게 되고 그 큰 뜻을 우러러 보게 되었다.

필자도 자식을 둔 후 아이들의 예의범절을 옛날 그것과 비교해 보게 되나, 지금 옛날의 그것을 아이들에게 강요한다면 웃음거리가 될 만큼 세상이 많이 변하였다.

일전에 모 일간지에서 "아빠 밥 먹어" 하는 제하로 현시대의 예절을 개탄한 칼럼을 보았다. 왜 이렇게 되었을까? 시대의 조류는 많은 변화를 강요하게 되고 경제가 급속히 발전되면서 한 가정의 가장은 눈 뜨기 바쁘게 밖으로 나가 밤이 깊어야 돌아온다. 쳇바퀴 도는 식의 단순한 생활과 함께 가장은 돈만 벌어다 주는 기계로 전락해 버린 오늘의 세태에서 아비가 자식에게 가르쳐 줄 것은 자꾸 없어지는 느낌이다. 더구나 세계에서 2등 하자면 서러울 우리나라의 교육열 때문에 공부만 잘하면 그만이라며 예의와 윤리관은 실종되어 버린 가정과 사회의 잘못된 인식이 우리를 슬프게 한 지 오래다.

슬퍼한들 어찌하겠는가?

잘못되어 가고 있는 모순을 알면서도 남들이 하는 대로 따라가야 하는 못난 우리 기성세대의 모습을 누가 바르게 잡아 줄 것인가를 생각하면 다시 한 번 슬퍼진다.

그러나 현실을 더 이상 외면해서는 안 된다. 그것은 죄악이다. 그것을 더 이상 방관해서는 안 되며 지금 당장 고쳐 나가야 한다. 선진국이나 개방 사회에 초점을 맞출 필요는 없다. 우리의 조상이 가르쳐 준, 적어도 윗사람을 존중하고 아랫사람을 좋은 길로 이끌어 주며 이웃을 사랑하고 남을 욕하지 않으며 이웃의 기쁨과 슬픔을 함께할 수 있는 건강한 의식이 확산되어야 할 것이다.

세월이 아무리 변화고 흘러도 "아빠 밥 먹어" 하는 이런 사건도 없어야 할 것이다.

1991. 3.

02

깊은 밤 깊은 바다

수평선 너머 노을이 붉게 물들면 바다로 나갈 채비를 한다. 목이 긴 장화로 신발을 바꿔 신고 담배와 성냥을 챙긴다.

이윽고 땅거미가 내리면 선창가에 매어 놓은 전마선(傳馬船)에 올라 닻을 끌어 올린다. 어느새 컴컴해진 사방은 인적이 끊어진 지 오래다. 바다는 검은 밤을 삼키는 마술사인가?

이제 출항(出航)의 시간이다. 물살을 가르는 노(櫓)에 붙은 야광충(夜光蟲)이 미친 듯이 반짝인다.

나는 밤바다가 좋다. 그중에 특히 겨울의 밤바다가 더욱 좋다.

사람들은 흔히 말한다. 겨울 바다가 좋다고. 그래 맞아 페르시아 시장처럼 시끌벅적한 여름 바다에는 조금 낫기는 하나 모두들 슬픔의 눈물을 흘리는 바람에 아무것도 볼 수가 없다. 왜들 그러는지 모르겠다. 가을에 바다를 찾는 사람들은 너무 처량해 보인다. 아마도 그들은 우수처럼 떨어지는 낙엽을 피하여 바다를 찾는 모양이다. 그럴지도 모른다. 자신의 영혼처럼 흐느끼는 낙엽을 보는 것이 그렇게 편한 마음은 아닐 것이다.

고엽(枯葉)을 그토록 불러대던 어느 유명 가수도 결국 죽음의 문 앞에선 어쩔 도리가 없었다. 어쩌면 자신의 운명을 예견이나 했듯이 독백처럼 뇌까리던 그의 노래를 이제 우리가 대신 불러야 하겠지.

여름과 가을의 바다는 속세의 바다이다. 그래서인지 바람이 쌩쌩 부는 겨울 바다를 찾는 사람들이 더러 있기는 하다. 북적대는 도시를 떠나 산사(山寺)를 찾는 속인(俗人)의 모습을 하고, 밀려오는 파도를 삼키기라도 할 듯이 가슴을 열어젖히고 숨을 크게 들이마셔 봤지만, 마음은 여전히 울적했던 것은 나의 경험이기도 했다.

모래톱에 얼어붙은 오선지에 아무런 악보가 없었음은 참담 바로 그것이었고, 단지 썰물에 미처 바닷속으로 들어가지 못한 조개껍질만 해풍에 부들부들 떨며 추억을 말리고 있었고.

그 후 나는 생각을 바꾸기로 했다. 봄, 여름, 겨울, 가을의 어떤 계절의 바다도 두려움의 껍질에 쌓여 있었다. 꼭 못난 나의 나신(裸身)을 보는 것처럼 겁에 질려 더 이상 그곳을 갈 수가 없었다.

결국 밤바다만을 그것도 겨울밤의 차디찬 바다만을 찾게 된 것이지. 속세의 인간들이 끊임없이 흘려보낸 악과 거짓의 씨앗을 송두리째 삼킨 채 세월의 깊이를 재고 있는 겨울의 밤바다가 내가 읽은 매력이다.

어느새 속세에서 멀어진 나를 알게 된 것은 두고 온 선창의 불빛이 높은 하늘의 별처럼 아슬하게 보이고 있었기 때문이다.

벌써 밤이슬이 소리 없이 내리고 있다. 촉촉이 젖어 오는 머리카락

사이로 스쳐 가는 샛바람이 옷깃을 여미게 한다.

해변으로 밀어 보낸 포효의 물결을 지켜보며 냉정히 침묵하는 심야의 먼 바다가 표정 없이 나를 맞고 있다.

그런데 갑자기 나타난 검은 물체가 나의 눈앞에 드러났다. 사람이었다. 그것도 남녀 각각 얼굴을 마주하며 물 뒤에서 빙빙 돌며 떠 있다. 가만히 보니까 그들은 얼굴에 가면을 쓰고 있었다. 무언가 말을 주고받는 것 같았으나 전혀 들리지가 않는다. 겉보기에는 연인 사이인 것 같으나 계속 떠들어대기만 할 뿐 아무런 교감(交感)이 없는 듯하다. 그들 사이에는 얼굴에 쓴 가면도 가면이지만 서로 마주 보고 있는 것과는 달리 엄청난 거리감이 있는 것이다. 내가 좀 더 가까이 그들을 향하여 접근해 갔을 때는 이미 그들의 모습은 사라지고 없다. 사랑과 미움의 틈바구니에서 그들은 각기 다른 길을 향하여 질주하듯 사라지고 만 것이다.

물속으로 가라앉은 것일까? 아니면 별빛을 따라 솟아오른 것일까?

그래, 맞아. 그들은 각자의 길을 찾아 떠난 것이다. 바닷속과 별빛을 향하여 영영 돌아올 수 없는 차단된 시공(時空)으로 돌아선 것이다. 서글픈 적막감만 맴돌 뿐 그곳에는 더 이상 아무것도 볼 수가 없다.

밤이 점점 깊어가고 양팔과 다리에는 힘이 빠지기 시작한다. 그러나 나의 갈 길은 아주 멀었다. 또 누군가는 만나야 한다. 누구일까? 이번에 만날 낯선 이들은?

그때였다. 소리도 없이 "버스" 한 대가 미끄러지듯 옆으로 다가온다. 물 위를 달리는 버스였다. 앞문이 열리면서 장갑을 낀 운전사의 손짓이 나를 부른다. 나는 노를 젓던 손을 멈추고 차 안으로 들어갔다. 절반 정도의 승객이 앉아 있는 차 안은 왠지 차갑고 을씨년스럽게 느껴졌다. 순간 나는 그들이 굶주림과 추위에 지쳐있음을 직감할 수 있었다. 창백한 얼굴과 두 눈이 움푹 팬 그들은 부르르 떨면서 나를 향해 거머리 같은 두 손을 내젓기 시작했다.

그러나 나의 양손에 쥐어진 것이 아무것도 없음을 알아차린 그들은 곧바로 절망의 표정을 지으며 눈을 감는 것이었다. 아마도 그들에게는 눈을 감는 것조차도 귀찮은 일인 듯 눈알 흰자위가 맥없이 흐늘거리고 있었다. 나는 그때 잔인한 상상을 하였다. 만약 갑자기 빵 한 조각이 버스 바닥에 떨어진다면 어떤 일이 벌어질 것인가? 불을 보듯 뻔한 사투(死鬪)를 예상하면서 나는 도망치듯 버스에서 빠져나왔다. 아마 엄청난 혼란 속에 빵 한 조각을 향한 투쟁이 계속되리라. 종국에는 어느 누구도 승자도 패자도 아닌 허탈함 속에서 차라리 그들은 입안 언저리의 부드러운 자신의 살점을 깨물고 있으리라. 그것은 너무나 혹독한 시험이다. 나는 갑자기 심한 현기증을 느끼며 뱃전으로 뛰어내렸다.

이제 그만 더 이상 혹독한 시험에서 벗어나자.

생과 죽음의 갈림길에서 우리는 무엇을 옳고 그르다고 말할 수 있을 것인가?

욕구와 본능을 어떤 이성(理性)의 회초리로 후려칠 수 있을 것인가?

나는 재빨리 그곳에서 멀어지고 싶다. 빨리 노를 젓자, 더 빨리. 힘이 빠진 지는 오래됐지만, 그래도 다시 힘을 내야 한다.

비 오듯이 흘러내린 땀이 나의 육신을 떨리게 하는 순간 어느새 당도 한곳은 시끌벅적한 시골의 장터였다. 사람들이 원을 그리며 에워싸 있는 곳으로 나도 미끄러지듯 들어갔다.

기이한 장면이 눈앞에 전개되고 있었다.

어떤 사내가 금빛 찬란한 왕관을 머리에 쓰고 황제들이나 입을성싶은 휘황한 의상을 걸치고 점잖게, 그러나 위엄 있게 걷고 있었고 그 옆에는 아리따운 절세의 미인들이 두 줄로 그를 호위하고 있었다. 그런데 이상한 것은 모여 있던 군중들이 하나같이 그를 보며 손가락질하면서 야유를 하는데, 그 왕관을 쓴 사내는 표정에 전혀 변화를 보이지 않고 당당하게 걷고 있는 것이다. 이따금 한 손을 치켜들며 그 야유에 답례라도 하듯이 얼굴에 엷은 웃음을 띠며 걷고 있는 것이었다.

그런 와중(渦中)에도 그 옆쪽에는 또 다른 소란이 벌어지고 있었다.

색깔이 우중충한 누더기 옷을 걸친 늙은 사내가 가방을 들고 원을 그리면서 사뿐사뿐 걸어가는데, 그는 꽤나 오래된 듯싶은 낡은 가방 속에서 뭔가를 꺼내더니 공중을 향하여 던지기 시작했다. 하늘로 치솟은 그 물체는 더 이상 오르기를 멈추고 곧바로 낙하하면서 땅 위로 쏟아진다.

주위의 모든 시선이 그곳으로 쏠리는데 나를 깜짝 놀라게 한 것은 구름처럼 몰려 있던 키가 아주 작은 사람들이 우르르 달려들면서 떨어진 물체를 줍는 장면이었다. 그것은 다름 아닌 지폐였기 때문이다.

그런데 더욱 이상한 것은 그들은 그 지폐를 집어 들고 갈기갈기 찢더니 사방으로 휘저으며 되던지는 것이었다. 순식간에 찢어진 지폐

조각들이 높지 않은 허공으로 수를 놓는데 그럴수록 그 넝마주이 늙은이는 묘한 웃음을 지으면서 가방 속에서 지폐 뭉치를 꺼내 드높이 집어 던지는 것이었다. 나의 동그래진 동공(瞳孔)과 찢어질 듯한 귀전의 파열음 때문에 더 이상 그곳에서 머무를 수가 없었다.

여기도 아니다. 돈과 명예가 난무(亂舞)하는 이 홍진(紅塵)에서 내게 와 닿는 것이란 고작 허무와 좌절밖에는 더 이상 없었다.

뱃머리를 돌리자. 그러나 내가 찾는 곳은 오늘 밤에도 결코 나타나지 않는다. 썰물 후의 갯벌처럼 허황해진 빈 머리를 무엇으로 채워야 하는가!

사랑과 미움, 삶과 죽음, 부와 명예 이 모든 것들을 잠재워 줄 정토(淨土)의 세계는 이 부족한 속인에게는 정녕 보이지 않은 것인가?

그러나 이대로 주저앉지를 말자. 끝없는 형극의 길을 다시 계속해야 하리라.

벌써 바다가 빛을 발하며 번쩍이기 시작한다. 어느새 동이 트고 있다. 밤새 삼키고 있던 속세의 영(榮)과 욕(辱)을 다시 토(吐)해 내고 있는 것이다.

들여다볼 수 없는 베일 속의 참모습을 언제쯤 터득할 수 있을 것인가? 그토록 그려온 피안(彼岸)의 열매는 얼어버린 나의 눈에는 영영 사라지는가?

가눌 길 없는 지친 육신을 아침 이슬에 맺힌 전마선이 "퉁" 하고 일깨운다.

그 후 나는 차디찬 모래밭 위로 쓰러지며 눈을 감았다.

아직도 미개(未開)된 둔안(鈍眼)으로는 도저히 알 수 없는 깊은 바다의 진실과 곡절을 꿈속에서라도 어렴풋이 만날 수 있으면 하는 어리석은 기대감을 꿈속으로 안고 간다.

그것은
나의 혈관으로 스며드는
번뇌(煩惱)와 격정(激情)의 주사기(注射器)
이윽고
밤이 되면
하얀 포말(泡沫)로 승화(昇華)되는 진실과 선(善)의 포효여
그 누가 볼 수 있으랴
그 누가 알 수 있으랴
세인(世人)의 눈에는
단지
절규하는 포성(砲聲)에
마음을 설레며
가슴을 열어제낀
가냘픈 환호(歡呼)만 있을 뿐.

1990. 1.

03

도마뱀 연가(戀歌)

거기에는 가는 곳마다 그놈들투성이였다. 길섶에도, 유리 창문에도, 방 안벽에도, 천정에도, 사무실의 구석에도, 심지어는 커피잔 속에도 그놈들은 틈만 있으면 머리를 처박고 엎드려 있는 것이었다.

이 세상에서 못생기고 흉측한 것이 많기는 하지만 그놈들만 한 것도 없을성싶었다. 초등학교 자연 시간에 누구나 한 번쯤은 듣게 되는 그 도마뱀이란 것을 진절머리가 날 정도로 보게 되었으니 기가 막힐 노릇이 아니던가.

어디 귀여운 구석은 한 군데라도 있어야지. 아무리 못난 짐승이라도 대개 한구석은 그냥 봐 줄 수 있는 곳이 있고, 하다못해 색깔이라도 그럴듯해야지, 이건 도대체 생긴 꼬락서니하며 입고 있는 옷 색깔까지 몸서리칠 정도이니 더 이상 그놈들의 몰골에 대해서는 언급을 말자.

어느 날 점심시간에 큰 소동이 벌어졌다. 어찌 보면 그냥 넘길 수가 없는 사건이기도 했다. 점심 때 고깃국에서 그놈이 발견된 것이다. 수저를 들고 식사를 막 시작하려던 사람들이 기겁을 하고 모두들 도망치듯 식당에서 빠져나갔다.

도마뱀국(?)을 끓였다는 것이다. 식당의 아줌마 두 분은 당혹감으로 몸 둘 바를 몰라 차라리 부들부들 떨고 있었다. 30도가 훨씬 넘는 그 열대 지방에서도 분명히 떨고 있었다.

뒤늦게 판명된 사실이지만, 식당의 천정에 붙어 있던 그놈이 힘이 빠졌던지 하필이면 어떤 아가씨가 먹으려고 하던 국그릇에 떨어진 것이 와전(訛傳)되어 식당 아줌마들이 도마뱀국을 끓였다고 난리법석을 떤 것이었다.

언뜻 상상해 봐도 알 수 있듯이 뜨거운 국물 속에 도마뱀 한 마리가 점잖게 자리 잡고 있었으니 그 놀라움이란 어느 정도였을지 능히 짐작할 수가 있으리라. 그놈이 끼치는 소란은 그것뿐이 아니었다. 처음 그곳 땅을 밟는 사람들, 특히 여자들은 밤중에 비명을 지르거나, 놀라서 졸도까지 하는 일이 다반사였으니, 그들을 진정시키고 설득시키느라고 수시로 진땀을 빼곤 했다.

"비록 겉모양은 징그럽고 흉하게 보이지만 사람에게는 절대로 해를 입히지 않는다. 이놈들은 방 안에 있는 모기나 하루살이를 잡아먹으니 오히려 우리에게는 이로운 놈들이다."

과연 그랬다. 그놈들은 모기에게 살금살금 다가가서 혀를 날름거리며 어느새 입안에 집어넣는다. 깜깜한 밤중에는 사람이 자고 있는 침대로 내려온다. 사람들 곁에는 피 냄새를 맡고 서성거리는 모기가 반드시 있게 마련이기 때문이다.

그러나 간혹 잠결에 이상한 기척을 느끼며 눈을 떠 보면 그놈이 팔이나 얼굴에 붙어 있는 경우가 허다하여 누구나 기겁하게 만든다. 그러나 그 녀석은 사람을 해치려고 온 것이 아니고 모기를 잡아먹으러 내려온 것이다.

처음 얼마 동안은 나 역시도 그 녀석들 때문에 잠을 설치거나 마음이 그렇게 편하지가 못했다. 그러나 곧 그놈들과의 생활(?)에 적응이 되어 갔다. 간(肝)이 콩알만 한 여자들을 빼고는 그 녀석들 보기를 예사로이 대하게 된 것이다.

이른 아침이면 그 녀석들은 묘한 소리를 내면서 구애(求愛)의 싸인을 주고받는다. 아마도 그놈들은 조용한 새벽에 사랑을 하는 모양으로 수컷이 암컷을 특이한 음성으로 부르는 것 같았다. "빽빽" 그놈들 간에 불리는 사랑의 노래(戀歌)인 셈이다. 그러는 동안에 이 기이한 소리는 나의 기상을 재촉하는 나팔소리로 변하게 되었다. 눈을 뜨면 어느새 찾아온 밝은 빛이 머리 위를 쓰다듬고 있었으며 그 녀석들은 유리창에서 조용히 사랑을 나누고 있는 것이다.

그 순간 나는 우리들 인간을 생각하기 시작했다.

예뻐지기 위해 코를 높이고, 쌍꺼풀을 만들고, 볼을 다듬는 등 별의별 수단을 다한다. 수십 가지의 화장품을 연출하여 꾸며 놓은 여인의 얼굴은 분명 아름답다.

남자들도 예외는 아니다. 이름도 알 수 없는 외제 상표의 산뜻한 정장과 잘 다듬어 올린 머리 모양새. 눈부시도록 하얀 드레스 셔츠에

빨간 넥타이를 맨 멋진 신사의 모습이 거리를 누빈다.

과연 그들의 내면에도 여전히 멋있고 아름다운 모습이 숨 쉬고 있는가? 물론 그러한 경우도 있을 것이다. 그러나 그들에게 묻고 싶은 것이 많다.

눈앞의 이익을 위하여 다른 사람의 가슴을 아프게 하는 일은 없는가? 화사한 겉모양새를 앞세워 남의 기쁨을 가로채는 일은 없는가?

겉모습만 번듯하게 할 뿐, 속은 못나고 볼품없는 도마뱀 모습으로 채워지지는 않았는가?

적어도 우리는 겉이 곱고 아름다우면 속도 곱고 아름다워야 한다.

겉은 곱고 아름답지만 속에는 추악한 모습이 도사리고 있다면, 비록 겉은 징그럽고 못생긴 흉물이지만, 인간에게 해를 입히지 않고 모기를 잡아먹는 도마뱀에도 못 미치는 추악한 속물에 지나지 않는 것이다.

비록 외모가 하잘 것 없고 초라하다 할지라도 넉넉함과 남을 생각하는 아름다운 마음이 항상 자리 잡고 있다면 그는 겉보기와는 달리 이미 자랑스럽고, 우리가 기꺼이 손뼉을 쳐 주어야 할 사회의 귀감이 아닌가.

뜨겁고 습한 어느 섬에서 약 700여 날을 하루같이 그 녀석들과 살았던 이야기를 잠깐 글로 옮겨 보았다.

1991. 8.

04

어부의 추억(追憶)

여기는 남해안의 외진 섬마을이야.

마을이라야 20집이 고작이었고 사는 사람들도 70여 명도 못 되는 아주 작은 갯마을이야.

마을 뒤로 뻗어 있는 나지막한 산등성이를 빼면 보이는 것은 검푸른 바다뿐이지.

설거지를 끝내고 휴우 하는 아낙네의 한숨 소리가 날 때쯤이면 마을 앞 바다로 지나가는 여객선의 뱃고동 소리가 들리고, 땅거미가 지기 시작할 저녁나절이면 또 그곳으로 지나치는 한 척의 그것이 우리 섬사람의 마음을 설레게 하지.

언제쯤이면 저놈을 타고 뭍 나들이를 할 수 있을까? 갈 수야 있겠지. 그러나 설사 가더라도 손에 몇 천 원은 쥐어야지. 밥 사 먹고, 버스 타고, 하룻밤이라도 묵으려면. 우리에게 그런 돈이 어디 있노. 아침부터 저녁까지 개펄에 앉아 호미를 쉴 새 없이 헤집어도 기백 원이 고작인데, 어찌 뭍 구경을 생각하노?

그것도 요새는 몇 달을 기다려야 품삯을 받지. 훌쩍 떠나버린 무슨 박 사장인가 하는 그 사람이 야속기도 해. 자기는 통통배 타고 와서 온갖 수선까지 떨더니만……. 큰딸아이 베신(운동화) 한 켤레 사 준다는 것이 반년이 넘어, 헝겊으로 몇 차례 땜질하다 보니 이젠 성한 곳이 보이지 않는다고 넋두리하는 순희 엄마 얼굴이 오늘은 밉지 않아.

나는 이곳이 좋아. 정말이지 너무 좋다구.

그러나 바람이 너무 세차게 부는 날은 싫어. 뭍에서 살 때는 바람이 세차게 불 때면 오히려 가슴까지 둥둥거리고 괜히 기분이 좋았지. 특히 세찬 비가 바람과 함께 쫘악쫘악 쏟아지면 나는 이불을 머리끝까지 뒤집어쓰고 혼자서 미소를 지었지. 그렇게 마음이 편안할 수가 없었어. 이 세상에서 내가 제일 행복한 사람이라고 믿을 정도로 말이야.

그러나 지금은 사정이 달라졌다. 바람이 너무 많이 불면 내가 할 일들이 엄청 늘어나기 때문이야.

나는 굴을 키우는 어부야. 고기를 잡는 사람을 어부라고 하지만 굴을 키우는 곳을 어장이라고 하니까, 그곳에서 일하는 나도 어부가 되는 것 아니겠어.

굵은 대나무를 가로 세로로 엮어 사각형의 뗏목을 만들지. 그것을 파도가 덜 치는 바다 위에 띄워 놓고 거기에다 긴 줄을 바다 밑으로 매달아 굴을 키우는 일이 내가 매일 하는 주된 일과야.

굴을 한자로는 석화(石花)라고 하지. 지금은 이런 식으로 양식을 하여 사람들이 먹지만, 옛날에는 갯바위에 붙어 있는 자연산 굴뿐이었지. 그것을 멀리서 보면 갯바위에 하얀 꽃이 피어 있는 것으로 보이니까 석화라고 이름을 붙인 것 같아. 지금도 자연산 굴이 있기는 하지만, 알맹이가 너무 작아 많은 양을 모으는 데는 시간이 걸려 다들 그 굴을 따려고 애쓰지 않아. 그러나 이 갯바위에 붙은 굴이 훨씬 고소하고 맛이 있지. 그리고 비싸기도 하고 말이야. 그래서 여유 있는 사람들은 자연산 굴을 즐겨 먹기도 하지.

굴 양식장은 바람이 많이 일지 않고 파도도 심하지 않은 조용한 내만(內灣)에 자리를 잡아야 해.

그러니 바람이 세차게 불어 파도가 크게 일면 어장의 뗏목들이 힘에 겨워 먼바다로 밀려 나가기도 하고, 닻으로 사방에 연결시킨 밧줄이 터지기도 하지. 파도가 화를 내면 얼마나 무서운지는 큰 빌딩 같은 배도 가라앉힐 정도니까 충분히 상상할 수 있을 거야.

이러한 세찬 파도 때문에 한창 자라나는 굴들이 바다 밑으로 떨어져 이른 봄부터 가꾼 어장이 쑥밭이 되는 거야. 그러니 내가 할 일이 얼마나 많아지겠어.

지난 가을의 일이었어. 아무 탈 없이 자란 굴을 보고 우리 사장님은 벌어진 입을 다물 줄을 몰랐지. 오랜만에 돈을 벌게 되었다고 조그만 마을이 떠들썩했었지.

그런데 어느 날 밤 무슨 바람이 그렇게도 세차게 부는지. 파도 소리가 세상을 온통 잡아먹을 듯이 덤볐어. 칠흑 같은 밤이어서 보이지는 않았지만, 먼바다로 떠내려가고 있을 뗏목들을 생각하니 가슴이 막혀 숨이 멎을 것 같더군. 멀리서 발만 동동거리며 애만 태우고 있었지.

다음날 아침에야 잔잔해진 어장으로 나갔더니 그 많은 뗏목들은 흔적도 없이 사라지고 겨우 몇 채 남은 뗏목들이 허우적거리고 있었지. 허리가 부러지고 물속에 내려앉은 모습은 차마 볼 수가 없었어.

나는 그때 많이 울었어. 비록 그 어장이 내 것은 아니었어도 나의 분신처럼 여기고 키워 온 자식들이 흔적도 없이 사라진 절망감에 눈물이 솟구쳤던 거야.

그러나 그것은 천재지변이었어. 몇 채라도 떠내려가지 않은 것을 다행으로 생각했었지. 그날부터 새로운 일이 시작되었어. 뗏목은 도망을 갔어도 거기에 매달려 있던 많은 굴들이 바다 밑으로 떨어진 사실을 알았던 까닭에 그것을 주워 올리는 일이 시작된 거야.

잠수부를 갖춘 배를 한 척 빌려 우리는 그가 바닷속으로 들어가면 펌프를 저어 그에게 산소를 공급하여 마음 놓고 숨을 쉴 수 있도록 했지. 그리고 바다 밑으로 내려간 그가 줄을 당겨 신호를 하면 그 사이 그가 넓은 철망 바구니에 가득 채운 바다 밑의 이삭을 끌어 올리는 일을 했지. 그 바구니를 끌어 올릴 때 물속에서는 큰 힘이 들지 않았는데, 막상 수면 위로 올라오면 정말 힘이 들었어. 비록 손에 장갑을 끼긴 했어도 손바닥이 끊어질 것 같은 아픔에 견딜 수가 없을 정도였어. 그러나 나는 그때마다 아주 어릴 적에 읽었던 헤밍웨이의 소설 《노인과 바다》에서 나오는 그 할아버지를 생각했었어. 그 노인의 이름이 아마 "산티아고"라고 했던가? 며칠 몇 밤을 눈 한 번 붙이지 않고 손수 잡은 만새기와 다랑어를 토막 내어 끼니를 때우면서도 황소보다 더 큰 듯싶은 돛새치와 긴 싸움 끝에 마침내 배 위로 끌어 올린 그 할아버지의 투지를 떠올리며 힘든 그 일을 계속했던 거야. 비록 그 돛새치는 앙상한 뼈다귀만 남기고 살점은 모두 상어떼에게 돌아가 버렸지만 말이야. 그 노인의 강인한 정신력이 힘든 나를 견디게 해 주었던 거야. 그러나 한편 즐거움도 있었어. 그 잠수부가 올려보낸 바구니는 그야말로 어린이들이 좋아하는 종합선물세트였거든. 바닥으로 가라앉은 굴 말고도 해삼, 소라, 낙지, 그리고 이름도 잘 모르는 이상야릇하게 생긴 먹거리들이 잔뜩 올라오는 바람에 우리는 환호성을 지르기도 했어. 바다 밑으로 떨어진 굴을 먹으려고 그 녀석들이 모여든 거야.

굴은 바다의 우유라고 할 만큼 영양이 많다고 하잖아. 그 녀석들도 굴을 꽤나 좋아했던 모양이야. 아무튼 나는 그 녀석들 덕분에 일주일은 포식했었지. 상상해 보라고. 바다 밑에서 갓 건져낸 그것들을 즉석에서 해치우는 그 맛도 일품이지만, 거기에다 막소주 한두 잔 걸치게 되면 없던 힘도 절로 솟구치거든.

아무튼 태풍 때문에 고생은 했어도 그런 잔재미가 나쁘지는 않았어. 이러한 기억 때문에 바람이 불면 우선 걱정이 앞서고 그 아수라장의 악몽이 되살아나 자연 기분이 좋지 않게 된 거야.

여기의 생활은 역시 여름이 최고야. 이른 아침부터 노를 저어 어장으로 나가면 꼭 꿈에서나 볼 수 있는 천국에 온 기분이 되지.

이른 봄에 매달아 놓은 뗏목 밑으로 긴 입을 벌리고 먹이를 삼키고 있는 굴을 바라보면 가슴이 뿌듯해지지. 젖을 물리고 아이를 쳐다보는 엄마 기분이 아마 그런 감정이었을 거야. 또 물속 깊이 매달려 있는 굴들 옆으로 먹이를 찾아 쉴 새 없이 오가는 이름 모를 고기들이 무리를 짓고, 너무나 맑은 바닷물 속은 차라리 드높은 가을 하늘 같았어. 굴과 고기들이 물속에 있는 뜬살이와 이물질을 삼키니 물이 더욱 깨끗하고 맑을 수밖에.

그야말로 바다의 신비를 깨닫게 하는 장면들이지. 그리고 마침내 햇살에 달구어진 내 육신은 물속으로 끌리듯 빠져들고 깜짝 놀란 고기들은 더더욱 분주해지지. 지금은 값이 좋아서 인공으로 만들어 팔기도 한다는 해파리들이 나의 등짝을 쏘아대기도 했지만, 강한 햇살과 해풍에 굳어진 내 살갗은 아랑곳하지 않았지. 이윽고 해가 기울어 수평선 너머 붉게 물든 노을이 한 폭의 그림을 만들면 노를 저어 그곳으로 다가가고픈 충동에 가슴이 쿵쿵거리기도 했지.

해변에 땅거미가 드리워지고 노를 젓는 물결 속에서 야광충의 빛이 보이면 한낮의 놀이터를 뒤로 두고 귀로의 노를 저어야 했지.

거의 50여 년이 다 되어가는 먼 기억의 뒤안길에서 나는 그때 내가 양식했던 굴을 아직도 좋아하고 있지. 그러나 굴은 사계절 내내 먹을 수가 없지. 영국 사람들이 굴을 Oyster라고 부르는데, 이 글자에 오묘한 암시가 있더군. 즉 일 년 열두 달 중 생굴을 먹을 수 없는 시기는 5월에서 8월까지 꼭 넉 달이야. (물론 익히거나 삭혀서는 먹을 수 있다.)

조금 자세히 들여다보면, 1월에서 12월까지를 영어로 표기하면 각각의 달(Month)철자에는 'R'이 들어있음을 알 수 있어. 그런데 유독 5월에서 8월 May, June, July, August 까지의 넉 달 철자에는 'R'이 없지. 이 4개월 동안은 굴이 산란을 하는 시기이므로 번식의 기회를 보장해 줘야 해. 또한 산란기의 굴에는 약간의 독성이 있어 날것으로 먹기에는 적절치 않다고 하더군. 결국 Oyster의 마지막 철자인 "R"이 들어 있는 달(Month)에만 생굴을 먹으라는 계시라나. 우연의 일치일까? 고의적 일치일까?

이제 "어부의 추억" 이야기를 끝맺어야겠어.

나의 왼쪽 손목 언저리에는 아직도 영광의 상흔이 남아 있지. 그 옛날 작업장에서 예리한 굴 껍질에 찔린 자국이 훈장처럼 미소를 짓는 듯해. 문득 그것을 볼 때마다 그 시절의 기억 속으로 되돌아가고 싶은 충동에 조용히 두 눈을 감아 보는 요즘이야.

2010. 1.

05
적도로 간 봉선화

봉선화! 이 꽃은 그야말로 여인들에게 선택된 으뜸가는 자연 물감이 아닐까 싶다. 요즈음은 화장술의 발달로 손톱, 발톱에까지 여러 가지 색깔을 연출할 수 있는 색소가 속속 등장하고 있지만, 어찌 봉선화로 물들인 그 청순한 색상에 비길 수가 있을까? 인체에 유해할지도 모르는 색소와 색상은 마음대로 연출하겠지만, 아스팔트처럼 포장 당한 손발톱은 숨이 막히지 않을까 쓸데없는 걱정을 해 본다.

봉선화!

우리 민족의 애닮은 심경을 봉선화에 비유하여 가곡으로 노래하였고, 연인 간의 사랑을 담아 유행가에도 그 이름을 올리고 있다.

한편 봉선화에 얽힌 추억의 사연이 내게도 있다.

사계절이 뚜렷한 우리나라에서는 여름철에만 봉선화를 볼 수가 있는데, 일 년 내내 타국에서 봉선화를 감상할 수 있다면?

필자가 직장 관계로 해외에서 약 2년간 머무는 곳이 있는데, 요새

여행지로 선호되는 사이판이라는 조그만 섬이다. 그곳에서 조그만 공장을 세워 한국인 100여 명과 기숙사 생활을 하였다. 그러나 문화 시설 기반이 워낙 취약하다 보니 너무 단조로운 생활에 모두들 싫증을 내고 있었다.

그도 그럴 것이 아침에 눈을 뜨면 식사 후 곧장 공장에서 일하고 끝나면 기숙사로 되돌아오는 쳇바퀴 생활의 연속이었기 때문이다. 일요일에는 해변에서 바닷가 풍광을 즐기기도 했지만, 그것도 하루 이틀이지 금세 시들해지는 것이었다. 결국 방에서 낮잠을 즐기는 게 고작이었으니 그 무료함이 오죽했으랴.

그러던 중 한국 출장에서 돌아오던 길에 봉선화 씨앗을 몇 봉지 가져 왔다. 우리가, 특히 여자들이 좋아하는 꽃이라도 심어 봐야겠다는 생각이 들었기 때문이었다. 기숙사와 공장을 오가는 길섶에 씨앗을 뿌렸다.

그곳은 일 년 내내 무덥고 비 또한 잦아 우리나라 여름 식물은 잘 적응하리라 믿었다. 사실이었다. 금방 싹이 돋고 얼마 후에 금세 꽃이 피기 시작했다. 빨강, 분홍, 하양 꽃이 계속해서 피고 지고 피고 지고 하는 것이었다. 그도 그럴 것이 여름 날씨가 계속되니 그야말로 정신없이 꽃만 피고 지고 또 피고 지고 했다. 덩달아 여종업원의 손길도 분주해졌다. 너나없이 저녁이 되면 꽃을 따다가 손톱에 물을 들이기 시작했다. 그동안 정서에 메말랐던 그들이 활기를 찾는 모습이었다. 아울러 어린 시절의 추억도 되살리고…… 이역만리로 날아간 봉선화 지금도 쉴 새 없이 피고 지고 있을까?

어디선가 "Ticket to the tropics" 팝송이 흐른다. 네덜란드 출신의 가수 제럴드 졸링이 부른 멋있는 노래다. 멜로디는 익숙하지만, 가사 내용은 잘 모른다. 그러나 이 노래를 그 봉선화에게 들려주고 싶다.

– 적도로 간 봉선화에게 –

2000. 8.

06

가설극장 편상

어린 시절을 시골에서 보냈던 지금의 기성세대들을 아마도 가설극장이라는 임시 영화관을 기억하고 있으리라 생각한다.

지금이야 웬만한 읍 · 면 소재지에도 극장이 하나쯤은 있어 마음만 먹으면 쉽게 영화 한 편쯤은 관람할 수가 있게 되었다. 그러나 옛날에는 특별한 기간, 즉 추석이나 설날 같은 명절을 제외하고는 영화를 구경한다는 것은 어려운 일이었다. 물론 도시로 자주 출입하는 사람들이야 그럴 기회가 있기는 했겠지만, 그러한 사람이 한 마을에 몇 명이나 되었겠는가?

가설극장이란 글자 뜻대로 일시적으로 설치한 극장이다. 극장이라야 노천 같은 자갈밭에 말뚝을 박고 정방형 - 혹은 직사각형 - 으로 휘장을 쳐서 만든 넓은 공간에 지나지 않는다. 거기에 조그만 입구를 만들어 돈을 받고 입장을 시키는 것이다. 그리고 하얀 사각형 천으로 된 스크린을 세워 놓으면 되는 것이다. 물론 영화 상영에 필요한 영사기와 발전기는 필수적이다.

그 당시 가설극장에서 영화를 보여주는 사람 일행을 우리는 그저 영화사(映畵社)라고 했다. 그들이 가설극장을 만들어 놓고는 큰 스피커를 통하여 안내 방송을 하는데, 그 스피커를 동서남북으로 돌려가며 유행가를 들려 주기도 하고 영화 제목과 상영 시간 등을 소상히 알려주었다. 스피커를 사방으로 돌리는 것은, 물론 인근 마을에 골고루 알리기 위함이다.

어린 시절 그 사람들이 동네에 오면 왜 그리도 기분이 좋았던지 지금 생각하면 우습기만 하다. 그때야 지금처럼 라디오도 흔치 않았고, TV나 오디오, 비디오는 있을 턱이 없었으며, 요새처럼 그 흔하디흔한 만화책 같은 것도 읽기가 어려웠던 시절이었으니 영화사가 나타나면 동네가 들떠 술렁이는 것이다.

특히 청소년들은 괜히 싱글벙글거리며 대낮부터 하릴없이 가설극장 앞에 모여 기웃거리면서 발전기 옆에 가 보기도 하고, 아직은 개방이 되어 있는 영화관 안으로도 들락거리기도 한다.

드디어 영화사 직원이 안내 방송을 시작하는데, 그 내용이 대충 이러하다.

"문화와 예술을 사랑하시는 ○○면민 여러분! 여기는 여러분의 따뜻한 사랑과 애호를 받고 있는 △△영화사 이동 선전반입니다. 오늘 저녁 여러분들을 모시고 상영의 막을 올리게 될 영화에 대해 간단히 소개 말씀드리겠습니다. 여러분이 신문, 잡지, 라디오 방송 등을 통하여 너무나 잘 알고 계시는 눈물과 사랑에 얽힌 청춘남녀의 사랑 이야기. 손수건 없이는 도저히 볼 수 없는 애절한 로맨스 …중략…

오늘 저녁 9시부터 본 영화를 상영하오니 저녁 진지 일찍 드시고 모든 가족 손에 손을 맞잡고 당극장으로 왕림하여 주시면 대단히 감사하겠습니다."

그런데 그때부터 나는 고민에 빠지게 되는데, 그야말로 엄하신 선친의 결단이 어떻게 내려질 것인가에 대한 초조감 때문이다. 즉, 영화사에서 그날 밤 상영할 영화 줄거리를 대충 알려주면 방안 혹은 길거리에서 그 방송을 듣고 계시던 선친께서는 어린 학생이 볼 수 있는 것인가 아닌가를 엄격히 판별하시는데, 특히 사랑이라는 말이 몇 번 나오면 그것은 결국 "NO"가 되며, 또한 판별 기준이 특별히 있는 것이 아니고 마음속에 이미 "NO"가 자리 잡고 있는 경우가 대부분이었다. 일 년에 겨우 몇 번 올까 말까 한 기회가 수포로 돌아가게 될 것이 뻔 하니 어린 소년의 섭섭함이 오죽했겠는가?

불가한 일인 줄 알면서도 실오라기 같은 가느다란 희망을 안고 저녁밥을 먹을 때쯤이면 식구들 모두가 하나같이 선친의 표정을 살피기에 여념이 없는데, 그런 날이면 아마도 일부러 더욱 굳은 표정을 지으시고, 때로는 아주 하찮은 일에도 성화를 내시는 바람에 영화 이야기는 입 한 번 뻥긋 못 하고 체념해 버리기 일쑤였다.

그러면서도 우리 형제들은 속으로는 가냘픈 기대를 갖고 있었다. 왜냐하면 영화를 상영하고 나서부터 대충 반절 정도가 지날 무렵이면 영화사의 직원들이 사방으로 막은 휘장을 걷어 올린다는 사실을 알고 있었기에 운이 좋으면 반타작 그렇지 못하면 삼분의 일 정도라도 영화를 볼 수 있다는 서글픈 즐거움에 자위를 하곤 했던 것이다.

그것도 초저녁에는 공부를 하는 체하다가 선친께서 잠이 드신 틈을 이용하여 살짝 빠져 나가는데 아마도 나의 이런 움직임을 선친은 은연 중 알고 계시는 것 같았다.

만약 어렵사리 처음부터 허락을 받은 날이면 영화가 끝나고 내가 돌아올 때까지 선친께서는 주무시지 않고 계시는데, 그것은 내가 영화 줄거리를 대충 이야기해드려야 하는 불문율 때문이다.

그때는 이부자리에 들기만 하면 꿈나라로 직행하는 어린 소년이었기에 영화를 보고 돌아오는 밤에는 그것 때문에 걱정 아닌 걱정을 해야 했고 영화를 못 보면 섭섭해서 탈이었으니 이래저래 괴롭기는 마찬가지였다. 물론 영화 줄거리를 브리핑해야 하는 부담이 있긴 했어도 선친의 허락을 받고 처음부터 끝까지 영화를 볼 수 있다는 것은 대단한 즐거움이었다.

당시의 어린 소년은 이제 불혹의 나이를 넘기면서 형편이 바뀌어 버리고 말았다. 지금은 오히려 그런 소년들을 다스려야 하는 입장이 되어버린 것이다.

그런데 지금 우리 사회의 부모들은 어떻게 변하고 있는가?

모두들 바쁘다는 핑계로 사회 구석 이곳저곳에서 자라나는 악의 싹을 그대로 방관하고 있지 않는지?

길거리에서 누구나 볼 수 있는 선정적인 영화 광고, 막으면 막을수록 봇물처럼 터지는 불량 만화, 깊은 밤 여과 없이 방영되는 성인용 드라마, 미군 방송의 폭력과 애정물, 호기심을 자극하는 포르노 필름의 난무, 심지어는 국제 전화를 통하여 들을 수 있다는 폰 섹스 등이 무방비상태로 청소년들 주위에 퍼져 있다.

관계 기관이나 무슨 단체에서 깊은 관심을 갖고 계몽을 벌이고 있는 것은 사실이나, 어린 학생들의 정서를 혼란시키는 독버섯이 쉽게 사그라질 것 같지 않아 안타깝기만 하다.

이러한 비뚤어진 현상들을 더 이상 악화시키지 않는 길은 사회와 어른들이 지속적인 관심을 쏟는 길 밖에 없을성싶다.

우선 영화 제작에 관여하는 사람들은 광고 기획에 더욱 신중을 기울여야 할 것이고, 영화관에서는 청소년들의 정서에 해를 끼칠 폭력물과 애정물에 대해서는 사회 윤리적인 차원에서 철저한 출입 통제를 해야 한다. 만홧가게 주인은 자신들도 자식들을 키우고 있는 이상 얄팍한 상혼은 버려야 할 것이며, 부모들은 자식들의 여가 활동에 보다 각별한 관심을 가져야 할 것이다.

물론 이러한 이야기는 매스컴이나 사회단체에서 수시로 들을 수 있는 이야기지만, 형식적이고 일회성으로 끝나버리는 느낌이 짙음은 필자의 생각만은 아닐 것이다.

돌이켜보건대 어릴 적 가설극장에 많은 미련과 아쉬움을 두게 만드신 선친의 참뜻을 이제야 헤아리고 당신의 자식 사랑을 늦게나마 느껴 본다.

1992. 1.

07

왜곡된 자동차 문화

필자의 소년 시설, 그러니까 1950년대의 후반께만 해도 자동차 구경하기가 그렇게 쉽지 않았다. 시골이어서 그러기도 했겠으나 도시에서도 자가용 승용차를 소유할 정도가 되려면 아마도 어마어마한 갑부가 아니고서는 상상조차 할 수가 없었으리라 생각된다.

그러한 실정이다 보니 어쩌다 먼지를 흩날리며 질주하는 자동차를 만나면 신기하고 한편은 반가워 달음질하며 숨이 차도록 뒤따라갔다. 그리고 숨이 막혀 땅바닥에 털썩 주저앉아 멀어져 가는 자동차의 뒷모습을 바라보며 아쉬워하기도 했다.

또한 지금도 마찬가지지만 그 당시에도 필자가 살던 시골에는 닷새만에 하루씩 장이 섰는데, 인근 바닷가에서 생선을 가득 실은 화물차가 어김없이 장날 아침에 나타났다. 그러나 학교에 가는 날은 어쩔 도리가 없고 마침 장날이 일요일과 겹치는 날이면 또래 아이들은 기대에 부풀었다. 그 이유는 생선을 싣고 온 화물차가 짐을 풀고 동네에 인접한 시냇가로 세차를 하러 오는데, 우리는 세차해 주는 대가로

– 그것도 운전사 아저씨가 아이들을 엄선하여 인원을 5명 정도로 제한하는데, 아마도 그 기준은 게으름을 피우지 않고 자기의 명령에 절대 순종할 대상을 우선으로 한 것 같다 – 약 200미터가량을 무임승차할 수 있는 기회를 제공 받기 때문이었다. 세차에는 1시간이 족히 걸렸던 것으로 기억된다. 전혀 포장되지 않은 시골길을 달려오느라 구석구석에 뒤덮여 있는 먼지를 씻어 내랴 화물차 적재함 바닥에 젖어 있는 퀴퀴한 생선 내음과 비늘을 씻어 내랴, 오히려 1시간이 부족했을지도 모른다.

이윽고 화물차 청소가 끝나면 운전석에 앉아 낮잠을 즐기던 아저씨의 엄격한 검열을 받고 우리는 그렇게도 짧은 승차의 길에 오르는데 내려야 할 곳에 이르면 어쩜 그렇게도 서운하던지 서로를 쳐다보며 아쉬움에 젖기도 했다.

지금은 조그만 승용차 한 대를 세차하는 데에도 5~6천 원 이상을 지불해야 되는데 그 대가의 엄청난 차이가 격세지감을 느끼고 또 쓴웃음을 지으며 어린 시절을 회상하기도 한다.

30년이 훨씬 지난 옛 이야기이기도 하지만, 오늘의 사정은 엄청나게 변하고 말았다. 그렇게도 귀하던 자동차가 이제는 몸서리칠 정도로 늘어난 것이다. 이대로 간다면 10년 후에는 서울 거리가 아예 주차장으로 변하고 말 것이라는 경고가 있지만, 당국의 대책은 뾰족한 것이 없는 듯하다. 단지 대중교통수단 특히 지하철을 확충하고 국민 스스로 자동차 사용을 자제하자는 이야기 외에는. 그러면 이 좁은 국토에 왜 이렇게도 자동차가 쏟아져 나오는가? 특히 중형차 선호도가 늘어만 가고 있는 이유는 무엇인가?

대체로 다음과 같은 시각에서 그 이유를 찾을 수 있지 않나 싶다.

첫째 자동차에 대한 왜곡된 소유 인식이다. 옛날과는 달리 이제 자동차는 사치품이 아닌 생활의 필수품이 되었는데도 자동차를 부의 수단으로 이해하고 너나없이 거리로 끌고 나와 자신을 과시하려 드는 철없는 사람들 때문이다. 선진국의 경우 자동차 보급률이 우리나라보다 높지만 그들은 절대적으로 필요한 경우를 제외하고는 복잡한 거리로 자동차를 끌고 나오지 않는다. 특히 독일 같은 나라에서는 국민들이 가급적 소형차를 선호하여 유사시 한정된 도로에 더 많은 차량들이 다닐 수 있도록 서로서로 자제하고 있지 않던가? 평소에는 대중교통수단을 이용하고 승용차는 전유물이 아닌 꼭 필요할 때만 이용해야 할 도구로 생각하는 인식의 전환이 필요한 것이다.

다음으로는 그릇된 소비 패턴 때문이다. 물론 이것은 정부의 물가정책, 특히 부동산 정책의 부재로 인하여 – 늦게나마 대책이 수립되었으나 너무 늦었다. – 화폐 가치가 몰락하고 주택을 비롯한 부동산 가격이 천정부지로 치솟은 결과이다. 그러다 보니 자기 집 장만하기가 어려워져 아예 저축을 포기하고 너나없이 자동차 구매에 경쟁적으로 나서게 된다. 즉, 내 집 장만은 아예 포기하고 편히 살며 시간만 있으면 자동차를 타고 유원지를 찾거나 과소비에 앞장서는 향락성 소비 패턴으로 변하게 된 것이다.

또 다른 이유로는 관계 당국의 도로 정책에 기인한다. 일국의 소득이 증대하게 되면 당연히 자동차 보유율도 늘게 마련이다. 그럼에도 불구하고 도로가 넓어지는 일은 보기가 드물다. 즉, 이러한 자동차 증가 추세를 예측하지 못하고 도시 계획이 수립된 결과로 택시나 버스 등의 주행 속도가 현격히 떨어진 것이다. 그러다 보니 택시업자의 수익은 줄게 마련이고 물가 상승률을 통제하다 보니 주행 요금을 현실에 맞게 인상시킬 수가 없게 되어 택시기사들은 정해진 목표액을 채우기 위하여 교통 체증이 예상되는 혼잡 지역이나, 시내 진입을 거부하게 되고, 또한 합승을 위해 짐을 들거나 어린아이들을 동반한 승객들은 외면하게 되는 것이다. 이러한 사례에 지친 일부 사람들은 그들의 횡포에 반발이라도 하듯 자동차를 구매하게 되어 홧김에 뭐 한다는 식으로 계획에 없던 소비를 하게 되는 것이다.

그러나 무엇보다도 앞서 예를 든 이유를 탓하기 전에 국민 각자가 개인의 욕구를 자제할 줄 아는 인내심 부족이 자동차 증가의 더 큰 요인이 아닌가 생각된다.

서울의 경우 현재 진행되고 있는 지하철의 노선 확대가 계속적으로 이어져 서울 전 지역이 지하철화 되면 사정이 많이 나아지지 않을까 싶다. 물론 그 사이 끊임없는 자금 조달 속에 투자가 지속적으로 이루어지는 것을 전제로 해야 가능하겠지만, 우리는 그때까지 자제하고 인내하자는 것이다.

기름 한 방울 나오지 않은 나라에서 또한 소득 수준에 걸맞지 않게 모두들 자동차 구매에 끼어드는 것은 웃음거리가 될 뿐 어느 나라에서도 좋은 시각으로 바라볼 리가 만무하다. 빚 얻어서 좋은 옷 사서 입고 좋은 음식 먹는 사람을 우습게 보는 것과 같은 이치이다.

특히 자신의 생명이 아무리 고귀하고 돈이 많기로서니 보란 듯이 고급 외제 승용차를 몇 대씩 몰고 다니는 일부 몰지각한 졸부들의 작태는 꼴불견으로밖에 볼 수 없다. 고급 승용차가 필요한 경우는 물론 많이 있다.

중요한 국빈이나, 비즈니스를 위해 모셔야 할 중요한 외국 바이어에게는 거기에 상응하는 예우가 필요하지만, 개인의 과시용으로 혹은 향락용으로 사용되는 그것은 비난의 대상이 아닐까? 아무리 자기 돈으로 자기 마음대로 하는 세상이라 하지만, 필자의 주장에도 모순된 것이 있을 줄 알지만, 자동차 문화의 대혁신을 기대해 본다. 그 혁신의 주체는 국가도, 사회도 아닌 우리 개개인에서 비롯되어야 함은 물론이다.

1991. 8.

08
포장마차의 슬픔

포장마차 하면 서부의 광활한 평원을 누비는 “건맨”의 멋진 자태가 연상된다.

그 포장마차의 모습을 응용하여 우리나라에서도 간단한 음식을 먹을 수 있는 포장마차가 등장하여 서민의 멋을 느끼게 해 주고 있다.

그곳은 퇴근길에 부담 없는 담소와 주흥을 만끽할 수 있고 웃음과 우정이 만나는 곳이다. 특히 눈이라도 펑펑 쏟아지는 겨울밤이면 오랜만에 자리하는 지기(知己)들과 밤 깊어가는 줄 모르며 얘기꽃을 피우는 낭만이 우리의 사랑방과도 같고, 숲 속의 정자처럼 아늑하기도 하다. 그곳은 또한 음식 백화점이다. 뜨끈뜨끈한 가락국수가 있고 뒷맛도 상큼한 우렁쉥이, 산뜻한 감칠맛의 대합구이가 있고 고소한 맛의 꼼장어가 있으며, 닭갈비, 물오징어, 해삼, 참새구이 등 그야말로 있을 것은 다 있다. 육해공군이 총동원되어 있는 먹거리 전람실이기도 하다.

또한, 좋은 일, 궂은 일, 슬픈 일, 기쁜 일 등 세상만사 모든 것을 스스럼없이 다 포용하는 너그러운 어머니의 품 안이기도 하다. 우리의 아버지와 형들이 그곳에서 인생을 얘기하고 진실과 이상을 논하던 토론의 장이기도 하였다. 그곳은 안줏값이 모자라면 나중에 갚아달라는 넉넉한 아줌마의 정이 흐르고 셈을 치르고 나서도 후르륵 깃들어 있다.

그런데 언제부터인지 이 포장마차가 탈선을 하기 시작했다. 문명의 이기(利器) 때문인가? 그곳에 오디오, 비디오까지 등장하고, 심지어는 접대부까지 비치(?)되어 있는 타락된 포장마차가 하나둘씩 늘어가고 있다 하니 가히 놀라운 일이다.

물론 최근에 살롱이다, 카페다, 클럽이다 하여 고급 술집이 늘어났어도 그런 곳 출입은 생각지도 못하는 서민들은 수용키 위한 대체 장소라고 말할 수 있겠으나, 당초 포장마차의 멋진 낭만을 싹둑 잘라버리는 허전함이 짙어만 간다. 게다가 이런 사치스런 포장마차 말고도 또 다른 변화가 일고 있다. 겨우 중학교를 졸업했을까, 아무리 봐도 고등학교 1, 2학년 정도로밖에 보이지 않는 어린 학생들이 부쩍 손님으로 늘어나고 있는 것이다. 그것도 여학생들과 함께. 그들 일행은 소주 3~4병을 거뜬히 챙기면서 줄담배까지 서슴지 않고 대화의 대부분은 욕설과 폭언으로 범벅이 되어 있다.

돈이 무엇인지? 자기에게도 그런 또래의 자식들이 있으련만 긴 한숨 속에 그들의 시중을 들지 않을 수 없는 주인아줌마의 모습이 차라리 슬퍼진다. 이러한 모습이 어디를 가도 마찬가지며 특히 학교 주변은 더욱 심하다.

문명이 발달할수록 옛날의 추억과 낭만들은 퇴색되기 마련이라고 생각은 했어도, 그래도 포장마차만은 그렇게 쉽게 변절하리라 생각 못 했다.

인생이 아무리 그리워하는 것이라 하지만, 어릴 적 어머니의 품속 같은 포장마차 속에서 인생을 반추해 보는 시절은 영영 그리움으로 남겨 두어야 하는 것일까?

그런데 근래 더욱 마음을 아프게 하는 것은 도시의 정화 차원이다. 위생상의 문제를 내세우며 일부 지역에는 포장마차 영업을 할 수 없게 한다는 시(市)의 방침이 선 모양이다.

물론 행정 당국의 설명도 일리가 있고 이해가 가지만 그것을 생업으로 믿고 지금까지 어렵게 살아온 그들에게 적절한 관용을 베풀어 주었으면 하는 마음이 필자의 생각만은 아닐성싶다.

세파에 오염되지 않은 정취 있고 구수한 포장마차가 일을 마치고 귀가하는 서민들에게 잠깐이나마 머리를 식혀 주고 마음의 고향이 되어 주는 역할을 해 준다면 굳이 도시의 미관이란 이름하에 강경 단속을 하여서는 안 된다고 보는 것이다.

1992. 2.

09

멀어져 가는 옛 추억

이른 봄 양지바른 동네 앞 산등성이에 파릇파릇 풀잎이 돋기 시작할 때면 어린 소년들은 삼삼오오 무리지어 그 동산으로 뜀박질한다. 뛰다가 지치면 길섶에 잠시 발은 멈추고 어느새 물이 오르기 시작한 버들강아지를 꺾어 피리를 만들어 불기도 하고 누군가는 서투른 휘파람을 소리 내며 신바람에 맞장구를 친다.

이윽고 양지바른 산등성이에 이르면 어느새 돋아 오른 이름 모를 풀줄기들을 - 삐삐라고 불렀던가? - 씹으며 상큼한 봄 냄새가 물씬 풍기는 그것으로 어느새 허기진 배를 채우고 시장기를 떨친다.

파란 하늘을 앞으로 보며 팔베개하며 벌렁 드러누우면 그새 기다렸다는 듯이 이름 모를 새들이 소년들의 얼굴에 똥오줌을 싸 갈기기도 하지만 차라리 그것은 소년들에게 까르르 웃음을 터뜨리게 할 뿐 고약한 냄새 따윈 아랑곳하지 않았다.

잔설(殘雪)을 녹이는 춘풍이 아직은 차갑기도 했지만 거북등처럼 갈라진 소년들의 손등을 어루만지며 미소를 띠고 춘심을 알린다.

점심때가 됐는지 뱃속에서 꼬르륵 소리가 나면 소년들은 약속이나 한 듯 계곡 쪽으로 질주한다. 거기에는 소년들을 기다리는 멋진 점심거리가 있다. 모질고도 긴 추위를, 그렇게도 잘 이겨낸 진한 회색갈의 칡넝쿨이 소년들을 반긴다. 땀을 뻘뻘 흘리며 넝쿨을 따라 뿌리 쪽으로 몇 걸음 가다 보면 두툼한 칡뿌리에 이르는데, 소년들이 그것을 움켜잡고 젖 먹던 힘까지 다 쏟으며 잡아당기면 황소 뒷발만큼이나 우직한 칡뿌리가 우지직 소리를 내며 동토(凍土)를 가르면서 소년들을 뒤로 벌렁 나자빠지게 한다. 돌부리와 나뭇가지에 찔려 엉덩이가 찢어질 듯 아프지만 그까짓 아픔이 지금 무슨 대수이랴. 아 그 먹음직스런 칡뿌리의 맛이여! 겨우내 땅속에서 뽑아 올린 진한 영양을 듬뿍 품고 소년들을 반기는 칡뿌리의 향기여! 이 세상 그 어느 곳에 이처럼 탐스런 먹거리가 있었던가, 입안으로 집어넣어 질근질근 씹으면 상큼하고 구수한 액체가 목구멍으로 넘어가기 바쁘다. 입가에는 칡뿌리에서 미처 떨어지지도 않은 흙덩이가 더덕더덕 붙어 있지만 그게 무슨 상관인가.

아! 이제 어지간히 배가 불룩해졌다. 모두들 서로 얼굴을 바라보며 피식 웃는다. 어지간히 배를 채웠다는 동의의 뜻이리라.

다시 소년들은 그들의 아지트로 내려간다. 따뜻한 햇살이 맞아주는 그 산등성이로 그러나 그새 해야 할 일들이 있다. 나중을 위하여 소년들은 미리 먹거리를 준비해야 하는 것이다. 산세가 가파른 산길을 따라 소년들은 어느새 한두 뼘씩 겨우내 자라난 소나무의 새 가지를 꺾으며 발길을 옮긴다. 해가 질 무렵 그것의 껍질을 벗기고 두툼

하고 물이 질퍽질퍽 오른 속살을 강냉이 먹듯이 하모니카를 불면 이윽고 해가 뉘엿뉘엿 서산으로 기울게 될 것이다. 이윽고 소년들이 헤어질 시간이다. 온종일 무얼 했느냐고 종아리 맞을 일이 걱정되지만 정말 즐거운 하루였지.

지금은 그 누구도 돌아갈 수 없는 어릴 적 코흘리개의 아름다운 추억이여!

노랑 장다리 밭에 나비 호호 날고 초록 보리밭 골에 바람 흘러가고 자운영 붉은 논둑에 목메기는 우는고.

한가한 시골 정경을 스스럼없이 묘사한 아름다운 시구였기에 지금도 머릿속에 머물고 있다. 한가하면서도 모든 것이 조용히 움직이며 가슴 뭉클하게 하는 우리 어릴 적 고향의 멋진 그림이 아닌가. 꿈 많은 사춘기 소년 시절. 그러나 그때 소년의 어린 시절을 지금과 비교해 보면 초라하기 그지없다. 옛 소년들은 고작 소월(素月)의 〈초혼〉 같은 시구나, 파리똥에 묻드러져 글씨조차 희미한 책 속 시조들을 뇌까리며 쿵쿵거리는 가슴을 진정시키는 정도였다.

그렇다고 어찌 마음 한구석에서 꿈틀거리는 그리움과 연정(戀情) 같은 것이 없으랴.

길거리나 학교에서 괜찮다 싶던 여자아이와 눈길이라도 마주치면 걸음을 더욱 재촉하던 기억이 새롭다. 지금은 어느새 흰 머리카락이 듬성듬성한 아낙이 되어 어쩌면 어린 소녀 시절을 조명하고 있을지도 모를 테지. 이제 수십 년이 지난 그 시절은 다시 돌이킬 수 없는 추억의 뒤켠으로 사라지고 말았다.

텁텁한 막걸리와 깍두기, 김치로 대표되던 청년들의 소박한 멋, 주머니는 텅텅 비어도 청년들의 가슴은 언제나 부풀어 있었고 꿈과 낭만과 이상만은 두툼한 어머니의 손등처럼 넉넉하였다.

버스 탈 동전 몇 닢이 없어 통금 시간에 쫓겨 갈 길을 재촉하다 마침내는 어두운 골목길을 숨어 돌면서 당도한 퀘퀘한 자취방의 탁상시계는 어느덧 새벽 3시를 가리키고 있었고, 밤이슬 맞으며 파김치처럼 늘어져 버린 서로의 얼굴을 알아보고 하늘이 무너져라 웃음을 터뜨리다가 주인집 아줌마의 단호한 추방령에 손이 발이 되도록 빌며 애원을 했었지.

털어 봤댔자 뻔한 빈 주머니인 줄 알면서도 인심 좋은 대폿집 아줌마는 일부러 한 됫박씩을 계산에서 빼곤 했다. 그것도 외상으로 말이다. 지금은 너무나도 흔해 빠진 손목시계를 잡히고- 그것도 잠깐씩 초침이 멈추는 그 구닥다리 손목시계를 - 아줌마의 눈치를 보곤 했었지.

어느새 친하진 그 아줌마는 제발 술 좀 그만 마시라고 질책을 하셨지. 지금도 그곳에서 인심을 팔고 계실지 아줌마의 성화에 쫓겨 나오다시피 해변으로 발길을 향하면 문득 별들이 우수수하고 떨어질 듯 환상에 빠져든다. 밤이 깊어 가는 줄도 모르고 이성과 감성을 논하고 현실과 이상을 부르짖으며 침이 마르도록 논쟁을 일삼던, 지금은 소식조차 끊어져 버린 그 친구는 어디로 갔느뇨?

가을바람 따라 나타난 그 가냘픈 코스모스는 짧은 여생 때문에 불타던 청년의 가슴을 더욱 안타깝게 했었다. 그러나 그녀 - 그녀라고 하자. – 그리고 우리는 그 슬픈 가을을 숙명처럼 맞을 준비를 한다.

이윽고 산과 들은 붉음으로 물들고 나뭇잎들이 검은 땅 위로 뒹굴면 마치 인생의 마지막 모습을 미리 보는 듯 청년들은 이 세상 모든 슬픔과 고독을 머리에 이고 있는 양 울적함에 빠져 방황하곤 했었지.

진눈깨비가 매서운 찬바람에 흩날리는 겨울밤이면 청년들은 예외 없이 바닷가를 찾았다. 겨울 바다는 나그네의 외로움처럼 처절했고 모래톱 위의 발자국은 무성한 여름철의 상흔을 건드리듯 아픔에 떨곤 했었다.

작열하던 태양의 이야기가 문신처럼 깊이 새겨진 모래톱 오선지! 사랑의 아픔들이 진눈깨비에 묻혀 허공을 가른다. 사랑과 미움, 질투와 모함, 권력과 명예, 넉넉함과 부족함, 이 세상의 모든 선과 악이 파도에 묻혀 포효 속으로 사라져 간다.

그로부터 수십 년이 지난 어느 날 문득 그때의 청년은 추억의 그 바닷가를 찾았다. 아스라이 멀리 희미한 포말(泡末) 속으로 사라졌던 흔적들이, 기억들이 그리움이 되어 되살아난다. 모래 위에 멈춘 신발 밑으로 조수가 스르르 밀려온다. 마치 그 기억과 그리움들을 지워버리기도 하듯이. 그때의 청년은 이제 회한과 초조의 모습으로 수평선 저 너머로 눈길을 맞춰 본다. 어느새 이슬이 맺힌 눈망울은 돌아갈 수 없는 긴 추억의 뒤편을 원망하듯 두려움에 몸을 떨고 있다.

정녕 돌이킬 수 없는 추억의 환영(幻影)들이여!

1992. 12.

10

회한(悔恨)의 뒤안길에서

장대 같은 모진 비를 흠씬 맞고 싶었습니다. 굵은 빗줄기가 내 육신에 패어 참을 수 없는 고통이 계속되더라도 나는 결코 그 아픔의 의미를 외면하지 않으려고 합니다. 온 세상이 어둠에 묻힌 밤에 쏟아지는 비를 안고 거리로 뛰쳐나왔습니다. 그리고 조용히 눈을 감고 걸어갑니다.

선친(先親)의 임종(臨終)조차 지켜보지 못했던 불효의 한이 아직도 뇌리에 박혀 그 참회의 고통을 이렇게라도 치유할까 하여서입니다. 그런다고 그것이 쉬이 가라앉지 않을 줄을 너무나 잘 알고 있습니다만, 단지 이러한 하잘 것 없는 아픔으로 그 죗값을 치를 수 있다면 조금이라도 다행한 일이겠습니다.

이역만리 먼 곳으로 떠나는 친구를 위해 해 준 것이 하나도 없었습니다. 조금 몸이 불편하다는 이유로 떠나가는 그를 위해 손 한 번 흔들어 주지 못한 것이 나의 부질없는 이기심 때문이었다는 것을 뒤늦게 깨닫고 때늦은 질책을 하였으나 아무 소용이 없는 일이었습니다.

나에게 양보하지 않는다고 앞서가는 이름 모를 자동차 주인에게 속으로 욕지거리를 내뱉고 그가 보이지 않을 때까지 원망 어린 눈초리를 떼지 않은 것도 좁은 소견을 가진 나의 치졸한 마음 때문이었습니다.

아무런 능력도 없으면서 더 많은 대가를 원했던, 안고수비(眼高手卑)의 뜻조차 몰랐던 비참한 자신을 얼마나 미워했는지 모릅니다.

술만 취하면 속물(俗物)로 변하는 이성 잃은 모습을 안 것은 자신이 아닌 다른 사람에게서 이었기에 지지리도 못난 자신을 얼마나 꾸짖었는지 모릅니다. 내가 피곤하다는 이유로 벌컥 화를 내 버린, 그리하여 철없는 자식들의 어린 가슴에 상처를 입힌 못난 부정(父情)을 어떻게 용서받아야 할지 엄두가 나지 않습니다.

명동 역 지하 계단에 엎드려 있는 오른쪽 다리가 없는 그 남자를 보고 더욱 빠른 걸음으로 지나쳐 버린 자신의 비정(非情)에 몸서리를 친 것도 며칠이 지난 후에서였습니다. 모든 일을 항상 남의 입장에서 생각하고 행동하라고 잘난 체 하면서 자신에게만은 후하다는 비난의 소리를 듣고 나의 엄청난 위선에 치를 떨었습니다.

이제 비가 더욱 굵어지기 시작합니다. 바람도 장대비를 재촉이나 하듯 더욱 세차게 몰아치고 있습니다. 계속하여 비를 더 맞아야 한다고 생각했습니다. 칠흑 같은 길 앞에 선친의 모습이 나타납니다. 여전히 냉정하신 모습 그대로입니다.

멀리 떠난 친구의 모습도, 차를 몰던 낯선 이의 모습도, 추한 나의 모습도, 철없는 아이들의 원망스런 모습도, 지하철 계단에 엎드린 다리 없는 그 남자의 모습도 나타났습니다. 모두들 냉소의 눈빛으로 나를 손가락질하며 비웃고 있습니다. 그들의 모습에 숨이 막힐 지경입니다. 그러나 그러한 모습들이 차라리 나를 후련하게 합니다. 그들은 갑자기 돌멩이를 집어 들었습니다. 나는 두 눈을 감고 체념하듯 가던 길을 멈췄습니다. 나의 신체 부위 어디든지 좋으니 던져 주길 기다렸습니다. 그러나 어느 누구도 돌멩이를 던지지 않습니다. 그들은 나를 때려 줄 가치마저 없다고 생각했음이 틀림없습니다.

억누를 길 없는 좌절감이 깊어집니다. 어느새 그들의 모습도 사라졌습니다. 나는 걸음을 더욱 재촉합니다. 간혹 질주하는 자동차가 나를 짓누르고 달아났으면 하는 마음이 간절합니다. 그런 나의 마음을 비웃기라도 하듯이 자동차는 나를 비켜 달아납니다.

이제 더 이상 걸을 수가 없습니다. 빗살에 지친 육신이 갈기갈기 찢어지는 듯 움직일 수가 없어 앞으로 꼬꾸라지고 맙니다. 쓰러진 몸뚱어리 위로 처절하리라 만치 세차게 비가 퍼붓습니다. 헐떡이는 숨을 가누지 못하고 차라리 눈을 감아 버렸습니다.

이제 어떻게 하면 더 많은 고통의 업을 받을 수 있을지 알 길이 없습니다. 이런 정도로는 도저히 나의 죄에 대한 몫이 감당될 것 같지가 않습니다. 비에 씻겨 내려가는 뜨거운 눈물의 의미가 아직은 아무런 소용이 없는 듯합니다.

꿈속에서 들리듯 교회의 종소리가 귓전을 스치며 사라져 갑니다. 더 많은 고통과 형극(荊棘)의 길이 나를 위해 내려지길 바람뿐입니다.

1993. 12.

11
때늦은 고백

그것은 강산이 너덧 번이나 바뀐, 그러니까 지금으로부터 4~50년 전인 필자의 대학 시절 이야기다.

당시만 해도 농촌의 가난한 시골뜨기였던 나는 부산에서의 대학 생활에 따른 민생고 해결을 스스로 도모할 수밖에 없었다.

이를 위한 가장 적절한 수단이 이름 하야 입주 가정교사, 그 당시 나와 같은 처지로서는 최상의 직장(?)이었던 그곳이 – 신문 광고를 통해 어렵사리 구한 – 문제의 발단이다.

생면부지의 학생에게 숙식을 제공하고 자녀의 성적 향상에 비례하여 약간의 사례금을 주어야 하는, 이러한 가정교사를 맞이하는 정도라면 상당히 재력이 있는 가정으로, 어쨌든 나는 운이 좋게 입주 가정교사가 되었다.

내가 기거하는 방에는 부잣집답게 열대어가 노니는 수족관까지 설치되어 있었는데, 때로는 그 속의 에인절, 수마트라, 키싱 등 꽤나 많은 고기들을 지켜보며 우울한 감정과 향수를 달래기도 했다.

어느 날 밤, 아마도 낮에 정전이 되었던 모양인지 수족관의 수온이 아주 낮아 열대어들의 움직임이 둔해짐을 알아차렸는데, 과연 수중 온도계가 10℃ 이하로 뚝 떨어져 있지 않은가. 나는 온도 조절기를 고온으로 맞춰 놓고 피곤한 하루를 마감하고 자리에 누웠다.

다음 날 아침에 무언가 불현듯 밀려오는 이상한 예감에 나는 자리를 박치고 일어났다. 수족관을 본 순간, 그것은 사고였다. 그야말로 대형 살생 사고가 발생한 것이었다. 밤새 수온이 너무 올라 대부분의 열대어가 뜨거운 물을 견디지 못해 저승길로 가 버린 것이다. 단지 넓적하여 강인해 보이던 에인절 한 마리만 가쁜 숨을 헐떡거리며 신음하고 있는 듯하였다.

아! 저 여린 생명들이 밤새 겪었을 고통이란…! 나는 우선 수온 조절기를 평온으로 맞춰 놓고 수습책을 곰곰이 생각하였다. 우선 세 가지의 방안이 떠올랐다.

사실을 주인 마나님께 밝히고 매를 맞을 것인가. 아니면 일단 하루 정도는 아무도 모를 수도 있으니 수업이 끝나고 귀갓길에 비슷한 어종으로 몇 마리를 사서 대체시킬 것인가. 아니, 아예 시치미를 뚝 떼고 자연사로 가장할 것인가. 그러나 당장 어떻게 해야 할지 답안이 나오지 않았고 어느덧 아침 식사 시간이 오고 말았다.

그 집 가족들과 식사를 하는 동안 나는 벌써 좌불안석, 밥알은 모래처럼 입안에서 맴돌 뿐이었다. 그러나 아무도 내게 특별한 시선을 보내지는 않았다. 물론 모든 사실을 이실직고할 용기도 나지 않았고. 그러다가 등교 시간, 그 집의 대문을 나설 때의 나의 쫓기는 듯한 걸음걸이가 내겐 왜 그렇게 무겁게 느껴졌는지. 수업 시간에는 온통 열대어 생각으로 무슨 소릴 들었는지도 몰랐고 하루가 어떻게 지나갔는지도 모른 채 도리 없이 해는 저물었다. 열대어를 사긴 사야겠는데 하는 생각이 들었지만 마음뿐이었고, 혼란스런 하루가 지났다.

애써 주인 마나님의 눈길을 피한 채 나의 방으로 발길을 옮기는 순간, "학생! 나 좀 보이소." 하는 주인 마나님의 화난 듯한 목소리에 나는 "아이구 이제 모든 게 끝장이구나" 하면서도 애써 태연을 가장하였다. 어찌 보면 이름이 좋아 입주 가정교사이지 머슴살이와 진배없는 고통의 생활이었기에 평소 주인아줌마의 표정 살피기에 신경을 곤두세웠던 터였으니, 엄청난 사고를 저지른 속마음은 당혹과 불안감으로 뒤범벅이 되어 있었다. 그런데,

"아니, 학생! 저 가시나가 수족관 물청소 좀 자주 하라고 노래를 불렀는데 몇 달을 안 했는지 고기들이 몽땅 죽었다 아잉교. 썩은 물에 고기가 우찌 살겠노?" 하는 게 아닌가.

아니 이럴 수가. 나의 실수로 여린 열대어를 죽음으로 몬 것은 둘째 일로 치더라도 그 원인이 순박한 그 아가씨(가정부 아가씨였다)의 청소 부실로 잘못 판명나 버린 것이다.

물걸레를 든 채로 기둥에 머리를 묻고 흐느끼는 그 아가씨의 모습을 본 나의 심경을 어떻게 표현할 수 있었겠는가. 낮 동안 죄 없는 그 아가씨가 얼마나 당했을지 짐작이 가고도 남는 일이었다. 그러나 이 마당에 그것은 "납니다" 하고 죄를 자청할 용기는 나지 않았다.

지금은 어느덧 노년의 문턱에서 있을 그 아가씨, 혹시 이 책을 읽

을 수 있을까? 나의 진솔하지 못했던 양심을 늦게나마 머리 숙여 사죄하고 애달프게 사라진 열대어들의 영혼을 따뜻한 가슴으로 어루만져주고 싶건만, 그러기엔 너무 많은 세월이 흘렀다. 지금은 어느 곳에서나 쉽게 접할 수 있는 수족관을 보노라면 어김없이 떠오르는 그때의 기억에 남모르게 쓴웃음을 짓곤 한다.

2010. 4.

• 제 4 장 •

삶과 여유

01

일하지 않는 모습 이대로 좋은가?

언제가 모 신문에서 어느 기업의 대표가 일본에서 겪은 구두닦이의 표정을 스케치한 칼럼을 읽은 적이 있다.

그 내용을 대충 간추리면 나이가 꽤 들어 보이는 구두닦이 할머니에게 신고 있던 구두를 닦게 하였는데, 구두통에서 구두 약통을 몇 개 꺼내어 구두의 색깔과 요리조리 맞춰 보며 그중 가장 비슷한 색상을 골라 약칠을 해 주더라는 것이다. 그래서 거기에서 일본인들의 철저한 장인 정신을 읽을 수 있었고 하찮은 구두 닦는 일을 하는 그 할머니일지언정 직업의식에 투철하더라는 것이며, 그러한 정신이 오늘의 일본을 있게 한 모태가 아닌가 하는 대충 그런 내용이었다.

나는 그때 그의 의견에 적극 동감하였으며 비록 구두를 닦는 일이기는 해도 지금까지 그러한 할머니가 있는 한 일본의 장래는 더더욱 보장될 것이라고 감탄까지 하였던 기억이 난다.

우리는 아직도 일본인들로부터 받았던 치욕적인 과거사에 맺힌 한(恨)으로 말미암아 그들을 본능적으로 외면하고 그들의 상혼을 경멸

하고 있는 실례를 종종 볼 수 있으며, 특히 그것이 비약되어 그들과 벌이는 스포츠 시합을 볼 때는 거의 광적으로 우리나라를 응원한다. 이것이 애국이라고 하면 할 말은 없으나 아무튼 일본인에 의한 피해 의식 때문에 모든 면을 비뚤게 보는 점도 부정할 수 없을 것이다.

우리나라의 경우 오늘의 직업과 기업관은 어떠한가? 현재 일부 우수한 기업들의 사주(社主)들은 창업 시에 모진 고생을 하였으리라. 내로라하는 재벌 총수들도 초창기에는 막일로 시작하여 쌀 장사, 비단 장사 등 안 해 본 장사가 없다고 들었다. 그러나 그들이 모진 고난과 역경을 딛고 일어선 결과가 오늘의 그들을 있게 한 것이기에 그들의 끈질기고도 강한 집념에 찬사를 보내지 않을 수 없다. 반면, 최근의 일부 기업인은 물론 - 음식 장사부터 공장을 돌리는 사장을 총망라하여 기업인이라고 부르자 - 세상이 변해도 한참 변하고 있다.

한때는 우리나라의 인건비가 경쟁국에 비해 상대적으로 낮아 사람 구하기가 쉬었을 뿐 아니라, 일을 시키는 것도 쉬웠다. 그래서 뭔가를 시작하면 많은 돈을 벌게 되었는데, 그때부터 조금씩 잘못되기 시작한 것이다. 연탄을 만들든 신발이나 우산을 만들든 간에 그들은 낮은 품삯만 믿고 그저 사람들을 부리기만 하고 벌어들인 돈은 땅을 사거나 집을 짓는 일에 열중하였을 뿐 어떻게 하면 좋은 품질과 우수한 성능을 가진 제품을 만들어 볼까 하는 데에는 소홀하였다. 그러나 세월은 그대로 있지 않는다. 그러는 사이에 우리보다 못사는 나라들도 방만한 우리의 기술을 추월하기 시작했고, 가격 또한 비교할 수 없을 정도로 낮게 내놓으니 사정이 사뭇 달라진 것이다. 그 사이 우리나라는 조금 잘살게 되어 자연 인건비도 오르게 되었으나 기술 수준은 종전과 다를 바 없게 되었으니 어느 자선 사업가가 우리 것을 택하겠는가?

설상가상으로 민주화 물결에 덩달아 근로자들은 일을 않고 사람대접만 외치고 있으니 공장을 닫든지 인건비를 올리든지 둘 중 하나인데 울며 겨자 먹기 식으로 후자를 선택하여 날이 갈수록 어려움만 더해간다. 진작 벌었던 돈으로 기술 투자에 조금이라도 투자했더라면 기술로써나 대항할 수 있으련만 다 지나간 소용없는 후회이다. 그저 캄캄한 터널만 보일 뿐 좋았던 시절은 다시 돌아올 기미를 보이지 않는다.

그들은 생각한다.

“이제 공장 돌려서 돈 벌기는 틀렸으니 지금이라도 주저 말고 문을 닫고 손을 털자. 그새 벌어 놓은 것이 있으니 건물이라도 지어 임대만 주어도 자손 대대 물려줄 수 있으니 큰 걱정은 없다.”

또 다른 유형도 있다. 어렵게 공장 돌려 봐도 남기는커녕 근로자들 비위 맞추기에 급급하다 보니 기계는 몇 대만 돌리고 편한 장사를 하자고 마음먹는다. 이제 어느 정도 기술 수준에 이른 값싼 물건을 중국이나 다른 나라에서 사들여 되팔자는 전략이다. 왜 진작 이런 생각을 못 했을까 하고 오히려 가슴을 치는 것이다.

오늘의 기업들은 이렇게 변하고 있다. 늦게라도 기술 투자를 하려고 하니 너무 많은 돈이 들어 엄두를 못 내고, 공장을 돌리려 하니 타산이 맞지 않아 드디어는 두 손을 들거나 생산을 다른 나라에 의뢰하는 꼴이 되고 말았다.

일본이나 대만 등의 나라들이 우리보다 근본적으로 우수한 점이 있다면 앞서 예를 든 구두닦이 할머니처럼 철저한 장인 정신이 몸속 깊숙이, 아니 그들의 끓는 피 속에 흐르는 것이다. 할아버지가 하려다가 못 한 일은 아버지가, 그래도 못 한 일은 아들이 이렇게 세대의 체인(Chain)이 미래로 계속 이어져 나가니 그 가업은 기술이 극치에 달하고 번창을 하게 되어 가격이 비싸더라도 구매할 가치가 충분이 있는 것이다.

우리는 왜 그들처럼 끈덕지지 못하고 쉽게 주저앉는지 모를 일이다. 어떤 사람이 식당을 차려 돈을 벌기 시작한다. 어느 정도 벌었다 싶으면 웃돈을 붙여 식당을 팔아 버리고는 그 돈으로 집을 사거나 건물을 지어 임대료를 받고 편히 살려고 한다. 옷 장사, 술 장사, 통닭장사도 모두 이런 식이다. 그러다 보니 가격만 오르게 되고 이것이 나라의 경제가 흔들리는 원인이 되어 결국 소비자만 골탕 먹게 되는 악순환이 계속되는 것이다.

모두들 쉬운 일만 하고 쉽게 돈을 벌려고 생각한다. 여공들도 음식점이나 기타 유흥업소에서 하루 몇 시간만 일하여 한 달을 살아가려고 한다.

공장이 비어 있고 생산이 없어도 당분간은 경제가 흐를 수 있다. 그새 벌어둔 돈이 있으니까 외국에서 사들여 생활할 수가 있기 때문이다. 그러나 그것도 한계가 있다. 돈이 무작정 솟아나는 것이 아니고 노동의 대가에서 나오는 것이며 또한 달러를 바꾸기 위해 무작정 돈을 찍어낼 수 없는 것이기 때문이다.

나라의 경제를 걱정하는 식자들이 이러한 얘기를 많이 하고 있다. 더러는 캠페인도 벌이고 있으나 그 심각성이 우리 사회에 와 닿지 않는 느낌이다.

누군가는 우리 민족을 은근과 끈기의 민족이라고 극찬하고 있지만, 오늘의 세대를 보고 있으면 터무니없는 말이다. 늦게 시작하더라도 하지 않는 것보다 훨씬 낫다는 말이 있듯이 지금이라도 모두들 두 팔을 걷어 일전에 나서야 한다. 유흥업소로 갔던 여공은 옛 일터로, 거리를 배회하며 향락을 좇던 젊은이들도 기름을 만져야 한다. 기술 투자에 인색한 기업주들도 마음을 바꿔야 한다. 은행에서 빚을 얻든 살던 집을 팔든 좋은 물건을 만드는 데 투자해야 한다.

편히 살고 편히 벌 수는 있으나 그것은 오래 가지 않는다. 어떤 일을 하든지 자기 일에 끝까지 몰두하는 끈기가 몸에 배면 우리는 앞설 수 있다. 뒤따라오는 모든 나라를 물리칠 수가 있다. 샴페인을 너무 일찍 터뜨렸다느니, 머리가 없어진 용이라느니 하는 비참한 손가락질에서 하루빨리 벗어나기 위해서 그야말로 정신 혁명이 몰아쳐야 할 때가 지금이다. 개미와 베짱이의 이야기가 남의 이야기가 아니고 우리의 현실이 되어가고 있다.

1992. 7.

02

돼지 예찬론(禮讚論)

나는 너를 좋아한다. 우연의 일치인지는 몰라도 내가 돼지띠이기는 하지만, 그래서 그러는 것은 결코 아니다.

신령(神靈)으로부터 인사를 하러 오라는 전갈(傳喝)을 받은 12짐승(十二支) 중 어쩌다가 꼴찌로 도착하여 게으름뱅이의 불명예를 자손대대로 불려주고 만 돼지여!

먹는 일과 잠을 자는 일 말고는 하는 일이 전혀 보이지가 않으니 너를 대변하기 위한 여구(麗句)가 쉬이 떠오르지 않는구나.

생각해 보자구. 그도 그럴 것이 요새 사람들이 제일 싫어하는 뚱보의 상징이라는, 즉 공포의 삼겹살이 너를 두고 하는 말이요, 게으름뱅이의 대명사도 너에게서 비롯되었으며, 남의 눈치는 생각 않고 먹어만 대는 먹보의 상징이 또한 너요, 앞으로 튀어나온 콧구멍이 그렇게 아름답지 못하여 사람의 흉한 코를 가리켜 돼지코라 말하니 너의 예찬론을 펴려는 내가 암담하기는 하다.

그러나 실망을 말라구. 적어도 너에 대한 충분한 연구와 많은 나의 경험이 너를 잘못 알고 있는 편견에서 벗어날 수 있도록 해 줄 터인즉, 보채지 말고 듣기만 하라구.

우선 세상 사람들 이야기부터 조금 하자면 곱고 귀엽거나 수려(秀麗)한 것들만 찬양하려고 하는 것이 못마땅한 점이야. 다시 말하면 너무 바깥 모양새에만 치우친다는 것이지. 보이지 않는 진실을 못 보는 것인지 아니면 알면서도 모르는 체 하는 것인지는 몰라도 사람인 내가 봐도 인간의 간사함에 혀를 내두르게 된다는 말씀이야.

자! 그러나 지금부터는 네게 아주 기분 좋은 찬사만 쏟아질 것이니 기대해 보라고.

세상 살다 보니 이런 소리도 듣게 되는구나 하고 느끼게 될 터인즉, 이게 바로 실제로 맞이하는 쥐구멍에도 볕 들 날 있다는 현실이야.

사람들은 재앙을 물리치기 위해, 혹은 사업 번창을 기원할 때, 기타 가족의 평안을 빌 때 흔히 고사(告祀)를 지내는데 이때 꼭 제상(祭床)에 오르는 것이 돼지머리다. 그 이유를 가만히 생각해 보니 이러하다.

돼지를 앞에서 보고 그려 보면 네 개의 원으로 구성할 수 있다.

즉, 코를 상징하는 두 개의 작은 원, 그리고 얼굴의 약간 큰 원, 그 다음 약간 타원형이기는 하지만 몸뚱어리가 되는 긴 원, 거기에 앞발 두 개와, 귀, 꼬리만 그려 넣으면 앞을 보고 서 있는 돼지가 되는데 결국 돼지의 요체는 원으로 구성된다.

원이란 무엇인가?

원은 우주를 뜻하며, 또한 우주를 다스리는 근본이며, 인간에게는 원만함을 상징하는 느긋함과 온화함을 교시(敎示)하고 있기에, 결국 돼지는 이와 같이 살아 있는 엄청난 위상(偉像)의 소유주다. 또한 원은 동그라미, 즉 돈의 상징이니 어느 누구나 꿈에 돼지를 보면 공연히 싱글벙글하며 좋은 일을 기대하고, 말썽 많은 즉석 복권을 몇 장씩 사서 열심히 동전으로 문질러댄다. 이러한 실례(實例)에서 입증되듯이 우리에게 돼지는 그야말로 무시할 수 없는 불가결의 존재가 아니고 무엇인가?

그러나 사람들은 갖가지 비유로 그를 비하(卑下)하면서도 자신의 이득을 위하여 꿈속에서는 돼지가 나타나 주기를 바라고 고사를 올릴 때도 돼지가 등장하니 이런 아이러니가 또 어디 있을까?

내가 돼지와 인연을 맺게 된 사연이 몇 가지 있다. 그 하나는 한때 어려운 시기에 내게 학자금 조달원이 되어 준 장본인(?)으로 설명된다. 지금도 마찬가지지만 우리가 대학을 다닐 때 학자금을 마련하는 것은 무척 어려운 일이었다. 나와 같이 시골 출신의 학우들은 대부분 논과 밭을 팔아 학비를 조달하고 있었는데 우리 집은 사실 팔 만한 전답이 거의 없었으니, 선친의 어려운 심정은 지금도 짐작이 가고 남을 정도이다. 결국 선친께서는 그 타개책으로 돼지를 길러 거기에서 얻는 새끼를 팔아 돈을 마련키로 마음을 굳히신 것이다. 그 당시에는 다른 물가에 비해 새끼 돼지의 값이 좋아 부업으로는 괜찮은 셈이었다.

돼지의 임신 기간은 대략 110일, 새끼가 스스로 성장할 수 있는 기간은 약 60일 정도이므로 정성을 쏟으면 1년에 두 번 생산이 가능했으니 어미 돼지 한 마리로 상당한 소득을 얻을 수 있었던 것이다.

그러나 그것이 저절로 되는 것은 아니다. 병에 거리지 않게 돈사(豚舍)를 수시로 청결히 해 주고, 예방 주사도 제때 맞혀야 한다. 임신 기간 중에는 흙이나 풀도 가끔 먹여 자라고 있는 뱃속 새끼들에게 필요한 영양뿐 아니라 무기질, 비타민의 공급에 신경을 써야 건강한 새끼가 태어나기 때문이다.

한꺼번에 15마리까지 새끼를 낳을 때면, 수십 분 간격으로 탄생(?)하는 새끼를 사람이 기거하는 온돌방에 옮겨 놓고 행여 추위에 떨지는 않을까? 보온을 해 주는데 그것은 사람대접 이상이었다.

그러나 사람의 보살핌에 힘입어 번식하고 성장하는 돼지이긴 하지만 유심히 살펴보면 돼지의 지혜(?)와 총명(?)함이 보이는 부분도 더러 있다. 물론 그것이 생태 본능이기도 하지만. 즉, 평소에는 그렇게 둔해 보이는 돼지도 산기(産氣)를 느낄 때는 기민함이 돋보인다.

태어날 새끼들을 위하여 짚을 입으로 물어뜯어 부드럽게 만들고 바람이 새어 들어오는 구멍을 막기도 한다. 또한 두 귀를 쫑긋 세우고 외인의 발자국을 경계하면서 산실(産室)의 분위기를 스스로 마련하는 것이다. 새끼를 낳은 후 젖을 먹일 때의 모습은 또 어떤가?

자신의 육중한 몸에 새끼들이 행여 깔려 다칠까 조심하는 자태를 비롯해 시원찮은 사람에게서도 볼 수 없는 지혜를 발휘하는데, 우선 머리로 새끼들을 한곳으로 몰아 놓고 머리, 목, 몸통의 순서로 부채 모양을 하며 서서히 드러눕는 데는 탄복스럽기까지 하다.

이윽고 미끈미끈한 새끼들이 어느 정도 성장을 하면 시장으로 나가 팔게 되는데 섭섭하기는 하지만 목돈을 만지게 되어 그동안 고생한

보람을 찾는다.

마침내 마련된 학자금을 은행에 낼라치면 어딘가에서 꿀꿀거리는 소리가 들리는 듯하여 눈물을 감추던 기억이 지금도 새록새록 하다. 돼지는 나에게 학자금을 조달한 은인이었던 셈이다.

사람도 마찬가지이듯 짐승에게도 수태(受胎)할 수 있는 연령에 제한이 있었기에 수년 동안 헌신적으로 우리 집 가계에 도움을 준 그 어미 돼지가 마침내 나이가 들어 새끼를 가질 수가 없게 되었다.

처음에는 선친께서 죽을 때까지 키우다가 땅에 묻어 주겠다고 말씀을 하셨지만, 사실 그럴 수는 없는 일이었다.

추운 겨울 어느 날 드디어 어딘가로 팔려 가는 그 돼지를 보내면서 식구들은 하나같이 눈물을 글썽이며 아쉬워했다. 그 후 텅 비어 버린 돼지우리를 들여다보며 모두들 쓸쓸해하였으니 짐승에게 쏟은 정성이 너무나 깊었음을 알 수 있었다.

또 다른 돼지에 대한 기억은 1980년대 중반에 해외에서 생활하던 때의 일이다. 어느 날 꼭두새벽에 느닷없이 흰 새끼 돼지(요크셔) 한 마리가 내가 기숙하고 있던 회사 안으로 들어왔는데, 굶주림을 못 이긴 듯 몰골이 말이 아니었다. 주인을 찾을 길이 없고 해서 동료들과 상의 끝에 우리를 만들어 우리가 키우기로 했다. 한편 우리는 이것은 분명 길조(吉兆)라고 모두들 기뻐했다.

그 후 장소 관계로 얼마 떨어지지 않은 이웃 현지인 집에 탁양(託養) 의뢰를 하여 먹이는 우리가 공급하되 새끼를 치면 적절한 비율로 나눠 갖기로 하였다.

마침내 그 새끼가 무럭무럭 자라나 새끼를 치게 되었고, 그 새끼가 다시 자라났는데, 일 년에 서너 번씩 파티를 할 때 맛있는 바비큐로 동료들의 입을 즐겁게 해 주었으니 돼지가 내게 준 은혜와 인연은 잊을 수가 없게 되었다. 종국에는 인간에게 먹이로밖에 돌아갈 수 없는 돼지의 운명이기에 한편으로 미안하기도 했지만, 다른 방도가 없으니 어쩔 수 없는 일이었다.

지금은 돼지고기의 대량 소비 추세로 간혹 화물차에 잔뜩 실려 가는 돼지들을 보면, 자신의 운명을 예견이나 한 듯 꿀꿀거리는 모습이 측은해 보이고 그 옛날 나에게 은혜를 준 그 어미 돼지가 눈앞에 어른거린다. 오늘 밤 그 돼지를 꿈속에서나마 볼 수 없을까?

이제 어떤가? 돼지여!

지금까지 네게 쏟아진 악담과 네가 겪어 온 수모를 이 정도면 치유할 수 있으리라 믿네. 아직도 미흡하다면 나는 너에 대한 칭송으로 이 글을 끝맺으려고 한다네.

다음에 또 기회가 있을 거라고 믿으며.

“너는 인간에게 영양과 맛을 공급하는 양식으로 자신을 활활 태우는 희생자요. 어려운 살림을 꾸리는 가난한 자들에게 용기와 희망을 심어 주는 재원(財源)이요. 길조의 상징으로 이 세상 모든 이에게 마음의 평온을 뿌려 주니, 어느 누가 너를 더 이상 욕되게 할 수 있단 말인가?”

1995. 5.

03

시장 보기와 쇼핑

옛날 시골에서 장날이나 이른 아침, 혹은 저녁나절에 필요한 물건을 사는 일을 "시장 보기"라고 했고, 때로는 저자(市) 보러 간다고 했다. 그런데 백화점이 우리 주위에 번창하고부터 쇼핑이란 말이 자주 쓰인다.

그러나 다 같은 물건을 사더라도 백화점으로 가면 쇼핑하러 간다고 하고 재래시장이나 조그만 유통 시장 쪽으로 가면 그냥 시장에 간다고 한다.

필자의 설명이 절대적인 것은 아니지만, 왠지 모르게 시장 보는 것과 쇼핑하는 것 사이에는 묘한 뉘앙스의 차이가 있고 일견 빈부 차이를 느끼게 하는 장면이 있다.

사람이 많이 다니는 길목이나 지하철 정류장이 있는 근처를 지나치다 보면 아주 싼 물건들이 많이 있다.

지하철을 타러 가는 입구의 긴 양쪽 거리에는 조그만 상자 위에 올려놓은 찬거리를 파는 할머니도 눈에 띈다. 손톱이 닳을 대로 닳아 있고 이마에 겹겹이 잡힌 주름살 깊이는 가난에 찌들어 살아온 한을 말해 주는 듯하다. 할머니의 가게(?)에는 깻잎을 비롯하여 고추, 콩, 호박, 산나물 등 아마도 손수 땀 흘려 농사 지어 푼돈으로 팔려고 가져온 듯싶은 것들이 가지런히 쌓여 있으나, 하루 종일 앉아서 팔아 봤댔자 고작 몇 천 원의 매상 밖에 되지 않을 성싶고 모조리 다 팔아도 만 원에서 얼마 넘지 않을 것 같다. 그러나 무표정한 할머니는 단지 앞에 놓인 물건을 가지런히 챙기고 다듬는 데 열중일 뿐이다.

백화점으로 가 보자. 물론 백화점이라고 해서 물건이 다 비싼 것은 아니다. 출고 때부터 정가가 정확하게 매겨져 있는 공산품이나 일용품은 오히려 바가지에서 벗어날 수 있다. 그러나 고급 의류나 수입품을 전문으로 하는 쪽으로 가면 정말 어안이 벙벙해진다. 서민들 벌이로는 도저히 상상치도 못할 가격이 위세도 등등하게 붙어 있고 가격표시가 아예 없는 제품들도 있다.

수백만 원을 호가하는 고급 의류나 수입 가구를 보면서 문득 출근길에 보았던 주름진 얼굴의 할머니 모습이 가슴을 뭉클하게 한다. 눈시울도 뜨거워진다.

더욱 우리 서민들의 심기(心氣)를 건드리는 것은 여성용 팬티와 브래지어라는 것이 수십만 원대의 가격에서 버젓이 팔리고 있다는 사실이다. 도대체 그렇게 크지도 않은 그것에 금가루를 발라 놓았는지 상식으로는 도무지 이해가 되지 않는다. 차라리 이러한 사실을 모르고 있는 것이 훨씬 속이 편할 것인즉, 앞으로 이러한 보도는 하지 말았으면 하는 것이 솔직한 심정이다. 그러나 어쩌랴, 자본주의 사회의 시장 경제라는 것이 우리의 순진함을 사정없이 짓밟아 버린다.

사회와 인류에 해를 끼치지 않는다면, 생활에 필요한 상품은 얼마든지 자유자재로 사고팔 수 있는 자유와 권리가 있는 이상 어느 누구를 탓할 수 없는 일이다. 그러므로 우리는 평소 이러한 권리와 자유를 반추해 볼 시간을 가질 필요가 있다고 본다.

비싸면 비쌀수록 더 잘 팔린다는 백화점의 수입품들. 고객들은 품질이나 원산지를 따져볼 생각도 않고 무조건 비싸고 꼬부랑글씨가 붙은 라벨만 있으면 아무런 부담 없이 지갑을 연다. 행여 생각보다 싸면 더 비싼 것이 없느냐고 되묻는 고객에게 오히려 매상을 더 올려 나쁠 것 하나 없는 판매원들이 기가 막힌 표정을 지어야 하는 오늘의 쇼핑 세대를 어떻게 설명해야 할지 도저히 감이 잡히지 않는다.

일국의 부(富)가 축적되고 국민의 소득이 향상되면 거기에 걸맞은 소비가 뒤따라야 하는 것은 당연한 이치이다. 그러나 그것이 무분별하게 이루어지고, 남의 시선을 아랑곳하지 않는 과소비는 마땅히 비난을 받아야 한다고 본다.

외국에서도 절약을 미덕으로 삼는 부유층이 많다고 한다. 즉, 백화점이나 기타 가게에서 팔리지 않고 재고로 쌓여 있던 제품을 자동차에 싣고 와 아주 싸게 파는 시기에 아이들과 어른 옷들을 한꺼번에 사 가는 알뜰 주부가 많다고 한다. 때로는 길제 – 길가에서 파는 싼 제품 – 도 애용한다고 했다.

돈 많은 사람들은 분명히 거기에 부응하는 남다른 노력을 많이 했거나 혹은 행운이 뒤따라서 일 게다. 그러나 그 돈을 쓸 때는 다시 한 번 생각해 보고 잘 판단하여 적절한 소비를 해야 할 일이다.

하루 종일 팔아도 기껏 몇 천원밖에 되지 않는 주름진 할머니의 얼굴을 꼭 기억시키고 싶다. 일부 몰지각한 과소비 지향형 쇼핑객들에게.

1991. 2.

04

바깥나들이, 이렇게 급한가?

우리나라도 국민 소득이 차츰 늘기 시작하여 수치상으로 나타난 소득은 중진국을 벗어나는 수준이다. 이에 힘입어서인가 종래 일반인들이 꿈조차 꾸지 못했던 해외여행이 자유화되었다. 웬만한 외국 공항에서도 한국인들을 쉽게 볼 수 있으며 한국어로 쓰인 안내판도 어렵지 않게 볼 수가 있게 되었다. 이것이 우리나라가 발전된 증거인지 아니면 해당 각국의 관광 정책에 따른 것인지 모르겠으나 아무튼 세상이 많이 바뀌었다.

많은 사람이 관광차 해외로 썰물처럼 빠져나가고 있다. 관광이 아닌, 업무차 해외를 오가는 필자의 시각에는 이런 현상이 결코 자연스럽지 못하다. 물론 인간이 성숙해지고 새로운 경험을 얻기 위해서 여행만큼 좋은 처방이 없다고는 하지만, 이제 겨우 밥술깨나 먹게 되었다고 너나없이 경쟁적으로 해외여행을 일삼는 것은 문제가 있다고 본다. 옛말에 개같이 벌어 정승처럼 살라는 말도 있고, 어느 정도 부(富)가 축적되면 여러 나라의 명소를 오가며 인생을 즐기는 것도 있을 법한 일이다. 그러나 그것도 시기가 있으며 여행 경비를 스스로 마련하여 값진 체험을 하는 것이 가치가 있는 것이다.

먼저 제일 걸리는 장면이 초등학교나 중학생들의 연수 명목 여행이다. 그것도 수백만 원씩 들여서 장기간 미국 등지로 떠나는 것들인데, 초등학생들이나 중학생 정도의 어린 학생들이 그쪽 언어나 문화에 전혀 익숙하지 않은 외지에 나가 과연 무엇을 얻을 수 있을 것인가는 정말 회의적이다.

초등학생이라면 우리나라 어느 곳이든 좋은 공부거리가 될 만한 곳이 많다. 차라리 시골로 보내 농촌의 어려움과 농민의 부지런함을 몸소 체험케 하는 기회를 만들어 줌이 값진 산 교육이 될 수 있을 것이다.

언제가 동경에서 서울로 돌아오는 비행기 안에서 가운데 자리를 꽉 채우고 있는 중학교 1학년 정도의 학생들을 보았다. 그 정도 연령이라면 아직 철부지라고 볼 수 있겠으나 시종일관 얘깃거리가 선물 이야기와 돈 이야기였다. 얼마를 가져갔는데 모자라서 빌려 샀다는 등, 누구에게 줄 선물을 못 샀다는 대충 이런 이야기로 야단법석이었다. 더구나 맞은편의 여행객 특히, 일본인들의 찌푸린 눈살을 보니 정말 한심스럽기도 하였다.

과연 이래도 되는 것인가? 부모들은 자녀들이 해외여행에서 무엇을 보고 느꼈는지를 확인해 보셨는지?

또 한 번은 동남아 쪽에서 돌아오는 비행기였는데 이런 해프닝이 벌어진다.

30대 전후의 남녀 대여섯 쌍이 왁자지껄 떠들고 있었다. 그래도 그것은 좋았는데 어떤 남자가 내게 다가와 부탁을 해 왔다.

모처럼의 해외 나들이인데 친지에게 줄 선물을 생각하다가 양주를 13병을 샀다고 한다. 1인당 통관 가능한 2병을 제외하고 나머지 11병을 다른 여행자 – 양주를 휴대치 않은 – 에게 휴대토록 협조를 구한다는 것이다.

물론 이해는 갔다. 아직도 국내의 비싼 양주 가격 때문에 귀한 선물로 행세를 할 수 있어 모처럼 나들이에서 양껏(?) 들고 올 직도 하다. 그러나 심해도 너무 심한 이 순진하고 철부지 같은 어른 아이를 나무랄 수는 없었다.

한국인들이 해외에서 봉으로 군림(?)하고 있다. 싹쓸이 쇼핑을 서슴지 않는 일부 몰지각한 졸부들이 해외 관광지 상인들의 표적이 되고 있는 것이다.

비록 물건을 많이 팔아서 좋겠지만, 연민과 가련한 생각으로 혀를 끌끌 차면서 그들의 뒷모습을 바라볼 그쪽 상인들을 생각하면 얼굴이 화끈 달아오른다. 우리보다 국민 소득이 훨씬 앞서는 일본인들의 예를 들어 보자.

그들은 출국시에 일본 공항 면세점에서 담배나 양주를 산다. 그리고 한국에 입국시에 세관내의 보관소에 유치하여 두었다가 – 보관료도 보관품 금액에 따라 약간 부과된다 – 출국시에 도로 가져가는 극진한 애국심을 발휘하고 있다. 이러한 특유의 나라 사랑이 오늘의 일본을 이룩한 이유가 됐기에, 우리의 일부 몰지각한 여행자를 나무라고 싶은 것이다. 우리에게는 아무리 얄미운(?) 일본이라지만, 그들은 자국을 보호하기 위한 작은 행동이 몸에 배어 습관적으로 반복되고 있는 것이다.

정말 우리도 이제 정신을 바짝 차려야 할 때이다. 해외여행, 물론 처음 가는 사람이나 자주 가는 사람이나 즐겁고 설레는 기분을 주는 것은 사실이다.

그러나 분별과 양식을 가슴에 가득 채우고 초연한 자세로 여행길에 오르고 좀 더 나라 형편이 나아질 때까지 자제했으면 한다.

1991. 3.

05

물가의 허상(虛像)

언젠가 물건을 실어 나를 일이 있어 용달차를 이용할 기회가 있었는데, 운전기사에게 왜 정해진 요금을 무시하고 일방적으로 요금을 받느냐고 물었더니 그는 언짢은 표정으로 대꾸했다. 즉, 요즈음 물가에 지금의 법정 요금이 무슨 수로 지켜지겠으며 가는 곳마다 길이 막혀 벌이도 되지 않으니 운전기사가 요구하는 것이 요금이라는 것이다. 또한 이러한 사실을 관계 당국에서도 잘 알고 있으며 묵인해 주고 있다는 말도 잊지 않았다. 그래서 나는 이러한 요금 체계로 손님과 시비가 잦을 터인데, 차라리 떳떳하게 정상적인 요율 인상을 관계 당국에 요구하여 서로 당당하게 주고받는 것이 좋지 않겠느냐고 다그쳤다.

그는 또 대답했다. 시청 운수과에 몰려가서 항의도 하고 시위도 했으나 아무 소용이 없었고, 어떤 담당 직원의 이야기를, 그야말로 어처구니없는 이야기를 또 들려주었다.

그 담당 직원의 이야기는 지금 법정 요금보다 몇 배 이상으로 실질 요금이 높아졌으니 현행 요율을 그대로 두고 당사자들끼리 – 기사와 손님 – 합의하여 요금을 주고받으면 된다는 것이었다. 만약 현재 묵인된 실질 운임으로 인상하게 되면 물가 상승률에 엄청난 파급이 미치게 되므로 요율 개선을 할 수가 없다는, 대충 이러한 요지였다. 이 얼마나 우습고 한심스러운 이야기인가? 정말 눈 가리고 아웅 하는 식의 이러한 정책 담당자들이 지금도 그 자리에 있는지 모르겠으나, 우리의 앞날이 심히 걱정되는 순간이었다.

비단 용달 운임의 경우만 아닐 것이다. 일찍이 요즈음 같은 고물가 시대가 찾아온 적이 없는 것 같다. 당국의 발표로는 연간 물가 억제선이 3%인데 지금까지 2%다, 3%다 하고 떠들썩하지만 이러한 통계를 믿을 국민은 많지 않은 것 같다.

어떠한 기준으로 어떤 방법(方法)으로 통계를 뽑는지 잘은 모르겠으나, 우리들에게는 그 수치가 허수로 들리고 도깨비 같은 모습이다.

물가 당국에서도 생산 업체를 설득하고, 때로는 세무 사찰을 하겠다는 등의 엄포도 놓고, 다른 강압적인 수단을 쓰는 것 같기도 하지만, 한 번 오른 가격이 내렸다는 것은 보이지 않는다. 오히려 교묘한 방법으로 가격 올리기에 급급하고 있다. 즉, 제품의 용량을 줄이거나 혹은 포장 방법이나 상표명만 슬쩍 변경하여 새로운 제품으로 둔갑시켜 가격을 올리는 것이다.

이러한 영리한 업체들 때문에 결국 소비자만 앉아서 당하게 되는데, 이러한 경우가 모든 상품들 – 식료품, 공업용품, 의약품 등 – 에 두루 적용되고 있다.

간혹 경제 관련 장관들이 물가를 잡겠노라고 시장에 나가서 가격 동향을 파악하고 주부들과 대화를 나누는 장면들이 TV에 비치기도 하지만 이것은 큰 도움이 되지 않는 것 같다. 과연 그런 높은 양반들이 상품의 내용물이나 정량을 가격과 비교하며 체크할 수 있을까 의심스럽고, 정부에서도 물가에 관심을 두고 있다는 전시 효과만 노리고 있다는 기색이 짙기 때문이다.

앞서 말한 용달차 운임만 해도 그렇다. 다소 문제가 생기더라도 현실을 현실대로 인정하여 요율을 수준에 맞도록 정상화시켜 놓고, 그 후 제대로 지켰는지 엄격히 규제하는 것이 이치에 맞는 일이 될 것이다. 좀 심한 표현인지 모르겠으나 서민들의 직접 생계비와 연관되는 생필품이나, 식료품 가격은 요 근년에 10% 이상 올랐다는 것이 우리들이 피부로 느끼는 상승률이다.

물가 상승률은 모든 산업에 걸친 생산품과 서비스 요금을 총망라하여 통계화하는 것으로 알고 있는데, 우리 서민들에게 직접 관계되지 않는 부분에서는 그대로이거나 내린 것들도 있기 때문에 우리가 느끼는 것과는 차이가 있을 줄 안다. 그러나 우리로서는 기초 생필품을 중심으로 한 물가를 이야기할 수밖에 없으므로 2%만 올랐다 하는 관계 당국의 상승률에 수긍이 가지 않는 것이다.

따라서 관계 당국은 적어도 서민 생활에 필수 불가결한 기초 생필품만은 철저한 감시와 감독을 병행하여 물가의 고삐를 꼭 붙들어 매야 할 것이다.

기업들은 인건비의 상승으로 죽어 가는 시늉을 하고 있지만, 그들이 분기별로 내놓는 손익 계산서를 보면 아직도 적지 않은 이익을 내고 있음을 보는데 이것은 무얼 뜻하는가?

물가를 억제시킬 소지는 아직 있다.

설사 어렵더라도, 모든 서민들이 힘들어하고 고통을 호소하는 이 때에 기업들이 자제하고 다른 경비를 줄여서라도 희생해 주어야 한다. 물가 당국의 의지만으로는 역부족이기 때문이다.

1990. 3.

06

전력 과소비를 째그렁

그렇게 오래되지 않은 옛날 어느 시골 노인이 서울에 출가한 딸을 보러 난생처음으로 서울길에 올랐다. 모처럼의 서울길이라 적어도 닷새 정도는 묵을 요량이었는데 하룻밤만 머물고는 부랴부랴 내려오고 말았다. 눈물을 글썽이는 딸의 모습을 아랑곳하지 않고 급기야 여장을 챙긴 데는 사위의 푸대접 때문도 아니었고 다른 불만도 있어서가 아니었다.

서울에 당도한 첫날, 그날 밤에 그야말로 백주와 같이 환한 불빛의 신기함에 놀라 그 불덩어리(?)는 몰래 가져오느라 도망치듯 내려왔다고 한다. 깜짝 놀란 사람들은 한둘이 아니었으나 닷새는 계시다가 오실 것으로 믿었던 며느리가 해질 녘에 당도한 시아버지의 말씀에 더더욱 놀랐다.

부랴부랴 시아버지 방에 등잔불을 켜려고 하는데,

"아가 오늘 밤부터 내 방에는 등잔불 필요 없다."

하신다. 무슨 영문인지 몰라 주춤거리고 있는데, 시아버지는 언제 준비를 했는지 벽에다가 칡넝쿨을 걸어 놓고 거기다 전구를 동여매시며 덧붙이신다.

“인제 조금 지나면 저기에서 불빛이 저절로 생기게 되니 내일부터 네가 한 가지 일은 덜었구나.”

옛날의 가정용 전깃줄은 그야말로 약간 시들은 칡넝쿨 같았다. 시골 아낙이지만 전깃불을 어디선가 본 적은 있는지라 시아버지의 황당무계한 모습에 웃지도 못하고 뒤로 물러서서 자리를 뜨려고 하는데, 갑자기 쨍그렁 소리가 귓전을 때린다. 전구에서 아무런 소식이 없자 이에 화가 난 영감이 담뱃대로 전구를 깨트려 버린 것이다.

요즘 사람들이야 이 우스운 이야기가 믿기지 않겠지만, 옛날에는 전깃불은 신비스러웠다. 시골에서 자랐던 어린 시절, 어쩌다 도시 친척 집에서 밤을 맞게 된 때 그 전구에서 들어오는 불빛은 가히 신기했다. 그때는 전력을 밤에만 일괄적으로 공급하였는데 - 물론 특선이라고 하여 낮에도 사용 가능한 비싼 전기도 있었다 - 그 전기는 거의가 밤을 밝히는 용도였다.

지금은 전 국토의 전력화가 이루어졌으며 전력이 1초라도 끊어지면 모든 생활이 마비될 정도이다. 그러나 전력이 무절제로 과용되어 특히 여름이 되면 초비상이 걸리는데 이것 모두 몰지각한 일부 부유층 때문이다.

조금만 덥거나 추우면 냉풍기와 온풍기를 가동하는 바람에 전력이 정작 필요한 산업 현장에 생산 활동을 중단하는 사례가 생기고 있는 것이다. 또한 모든 대형 빌딩들은 낮이나 밤이나 훤히 불을 밝히고 있는데, 밤에 야근할 때에는 어쩔 수가 없겠으나 한두 사람이 일을 할 때는 그 자리에만 불을 밝히는 절약이 필요하다. 나는 사무실에서나 집에서나 어두워서 사물을 분간하지 못할 때를 제외하고는 불을 켜지 않으며 선풍기의 사용도 자제한다. 그까짓 불 한 등 아껴 몇 푼 되느냐 하는 사람이 있겠으나 모든 사람이 이런 마음이면 한 등이 모여 두 등이 되고 그것이 다시 모여 정작 필요한 산업 현장에 기여할 수 있으며 종국에는 나라를 위하고 국력을 키우는 힘이 되지 않겠는가?

더구나 기름 한 방울 나지 않는 이 나라에서 절전은 곧 외화를 아끼는 데 큰 보탬이 되는 일임은 이제 귀에 못이 박이도록 들었을 터이다. 희미한 등잔불 아래 또는 콧속을 새까맣게 물들이는 호롱불 아래서 밤이 깊어 가는 줄도 모르고 책을 읽던 시절들이 지금의 기성세대들에게는 소중한 기억으로 남아 있으리라.

적어도 그때를 생각한다면 지금의 전기의 고마움을 한시라도 잊지 말아야 할 것이고, 그러기 위해서는 우리 모두가 전력 소비를 자제해야 할 것이다. 최근의 보도를 보면 우리나라의 각 가정에서 한 등의 전등만 아껴도 하루에 자그마치 수억 원이라는 에너지 절약 효과를 거둘 수 있다 하니 우리 국민의 마음 먹기에 따라서는 더 많은 절약을 기대할 수 있을 것이다.

앞서 이야기한 촌로(村老)는 화가 나서 전등을 깨뜨렸지만, 우리 모두는 전력 과소비를 쨍그렁 하고 깨뜨리자. 그것도 웃으면서 말이다.

1990. 10.

07

몸살하는 나무들

자연 보호! 자연 사랑!

우리들이 매일 매스컴을 통하여 귀가 아프도록 듣고 있으며, 또한 이것은 매일 반복하여 외쳐도 지나치지 않는 캠페인이 될 것이다. 그러나 사정은 아직도 한참 못 미친다.

나는 대개 아침 5시가 조금 넘으면 일어나서 가까운 올림픽 공원으로 산책을 간다. 평소 게으른 내가 이런 가벼운 걸음이라도 하지 않으면 그야말로 운동 부족으로 오는 성인질환을 막을 길이 없을 것 같아 아침 시간 30여 분 정도를 산보와 가벼운 운동에 할애하고 있다. 다행히 언젠가부터 이른 아침에는 무료로 공원을 들어갈 수가 있어 좋았다. 특히 그곳에는 나이가 꽤나 드신 노인들의 모습도 많이 보이는데 공원 측의 배려를 고맙게 생각한다. 아침에도 유료 입장을 고수한다면 그 분들이 매일 드나드시는 데도 적잖은 부담이 있을 것이기에.

공원에는 비록 낮은 동산이지만 꽤나 많은 수목들이 숲을 이루어 상쾌하고 향기로운 공기를 내뿜고 있으며 비록 잠깐이지만 공해에 찌든 몸과 마음을 여과시켜 주고 있어 도회 생활에서 찾기 힘든 좋은 휴식 공간의 역할을 하고 있다.

그러나 어디를 가더라도 꼭 거슬린 행동을 하는 사람이 있듯이 여기도 예외는 아니다. 이른 아침부터 고래고래 고함을 지르며 나름대로 건강관리를 하는 것은 차라리 보고 넘길 수가 있는데, 아직도 어린 나뭇가지들을 철봉삼아 매달리고, 아무 곳에나 방뇨를 하고 오물을 버리는 등의 눈살이 찌푸려지는 모습이 자주 보이는 것이다. 나이들도 대개 지긋하여 나름대로 교양을 갖춰 보이는 그런 사람들에게 이른 아침부터 시비를 걸 수도 없고 그저 못마땅한 얼굴을 하고 지나쳐 버리기는 하지만 정말 딱한 사람들이다.

그래서 시름시름 앓기 시작한 어린나무들이 생명을 잃어가고 있다. 공원 관리자들도 많지 않아 일일이 따라다닐 수도 없는 처지인 것 같은데, 이런 무분별한 입장객 때문에 공원이 점점 황폐해지고 있다.

더욱 눈살을 찌푸리게 하는 것은 가을도 되기 전에 수난을 겪는 밤나무들이다. 여름 내내 뜨거운 햇살을 삼켜가며 겨우 영글기 시작하는 밤송이들이 탐스러운 밤알의 모습을 채 내밀기도 전에 몰지각한 사람들로부터 돌멩이에 맞거나 나뭇가지에 두들겨져 이곳저곳에 내팽개쳐져 있는 것이다. 사람들은 왜 이다지도 참을성이 없는 것일까?

겨우 껍질의 형태만 이루었을 뿐 속을 채우지 못하고 여기저기 흩어져 있는 밤송이의 모습이 꼭 전쟁터에서 신음하는 부상병들을 방불케 하는 것이다.

왜 그들은 자연의 은혜를 모르는 것일까? 잠시나마 공해에서 벗어나 신선한 이른 아침의 상쾌함을 제공하는 자연의 은덕을 배신하는 것일까? 자기의 일시적인 편익을 위해서 자신 이외의 다른 것들은 안중에도 없는 것일까?

비단 그곳의 공원만이 아니리라. 수많은 공원이나 유원지, 산중에 있는 말 없는 자연의 경관들이 매일매일 파괴되고 있을 것이 틀림없다. 말로는 자연으로 돌아가고 싶다, 자연 속에서 살고 싶다 하면서도 일부 몰지각한 한심한 사람들 때문에 우리의 쉴 곳은 점점 줄어만 가고 있는 것이다.

우리 사회의 단합된 목소리가 터져 나와 자연과 환경을 보호할 근본적인 대책을 세워야 함을 절실하게 바라본다.

1990. 5.

08

"시골은 만원이다"의 꿈을 향하여

언젠가부터 우리 귀에 익은 말이 있다. 사람이 태어나면 서울로 보내고 말은 제주도에 보내라는 그것이다.

사람으로 말할 것 같으면 서울로 가야 많은 것을 보고 느끼며, 또한 들을 수가 있고, 거기서 여러 가지 경험을 쌓아야만 경쟁의 대열에 당당히 끼어들어 사회에서 두각을 나타낼 수 있는 것이기에 이 말이 앞을 내다본 것이라고 본다. 그래서일까? 지금의 서울은 그야말로 만원이다. 숨 쉴 틈도 없이 꽉 차 버린 것이다.

그러다 보니 지금 농촌에는 사람이 거의 없다. 있어 봤댔자 나이가 드신 노인 부부가 덩그러니 집을 지키고 있을 뿐 동네가 쥐 죽은 듯이 고요하여 적막감조차 감돈다. 여느 집이나 그러하듯이 나도 일 년에 한 번씩 성묘를 하러 산골에 있는 시골 큰댁 마을로 내려가는데, 갈 때 마다 옛날 시조에 있는 시구처럼 "산천은 의구하되 인걸은 간 곳 없네"를 실감한다. 해마다 논밭을 정리하고 서울이나 부산의 대도시로 떠나는 사람들이 늘어나고 있는 것이다. 살던 집은 텅텅 비워 놓고 후조처럼 떠나 버리는 것이다.

이제는 시골집의 정겨운 모습도 서서히 사라져 가는 느낌이다. 외양간에 매여 있던 송아지의 모습도 간 곳이 없고 초가 뒤켠 대나무밭에서 모이를 쫓던 정겨운 엄마 닭과 병아리들의 푸드덕거리는 소리도 들을 수가 없었으며 누구인지도 모르면서 반가움에 꼬리를 연신 흔들어 대던 삽살개의 모습도 보이지 않는다. 단지 낡은 모습에 덩그렁 넋이 빠진 채 서 있는 기둥뿌리만 거미줄을 둘러쓴 채로 외로움을 삼키고 있다.

어릴 때 알밤을 주우려 다니던 산모퉁이를 지나치니 이게 웬일인가? 비탈길에 알밤들이 눈에 띄게 보인다. 정말 희한한 일이다. 예전에는 알밤을 주우려고 두 눈을 부릅뜨며 꼬챙이로 나무 아래 쌓인 낙엽 사이를 헤집고 다녀도 한두 톨이 고작이었다. 영문을 물으니 밤을 따거나 줍는 일을 할 사람이 없다는 것이다. 예전에는 분명 그랬다. 밤 한 톨 줍다가 주인에게 쫓겨 걸음아 날 살려라 하며 도망치기가 바빴는데 지금은 어느 누구 거들떠보지도 않는다.

왜 이렇게 되었는가? 이렇게 만든 책임이 누구에게 있는가? 그것은 일단 농촌을 돌보지 않은 위정자의 책임이요, 위정자에게 속아 넘어간 농민들의 책임이다. 무슨 소리인고 하니 농민들이 위정자들을 철저히 응징하지 못했던 까닭에 자승자박한 꼴이 된 것이다. 농민들에게는 좀 심한 질책이 될지 모르겠으나, 선거철에 그들의 의지를 떳떳이 밝혀 투표에서 반영치 못했다는 것이다. 아는 바와 같이 선거때만 농촌을 잘살게 해 주겠노라고 입에 침도 바르지 않고는 선량 후

보들이 공약(空約)을 해댄다.

이번에는 기필코 여러분이 만족할 수 있는 수매가와 수매량을 보장하겠다, 마을 가까운 곳에 우수한 학교를 유치하고 문화 시설을 보장하겠다, 땀 흘려 지은 채소류와 고추, 콩, 마늘 등의 가격을 조합을 통해 일괄 구매토록 하겠다는 등으로 농민들의 꿈을 부풀게 한다. 그러나 선거가 끝나고 금배지를 달게 된 선량들은 훌쩍 서울로 떠나고 그 후 몇 년 동안 그들이 한 말은 잊어버린다. 다시 세월이 흘러 그들은 거짓말을 하려 다시 농촌으로 나타난다. 이번만은 꼭 믿어 달라고 열변을 토하며 하소연을 한다. 용서를 잘 하고 마음이 약한 우리 농민들은 또 그들의 능변에 넘어가지만 공약(公約)은 공약(空約)으로 끝난 채 감감 무소식이다.

예전에는 벼농사를 지어 소출을 따져 보면 제법 남는 것 같기도 했었다. 벼를 100섬 거두면 대략 쌀이 100가마가 된다고 보는데, 그 당시는 다른 물가가 덜 올라서 쓸 만한 돈이었다. 그러나 지금은 사정이 사뭇 달라졌다. 그중에서 품삯과 농약 비, 비료 대금, 잡비를 제하면 자신들의 인건비도 채 안 된다. 결과가 이렇다 보니 어느 누가 이른 봄부터 늦은 가을까지 뼈가 부스러지게 농사일을 하겠는가?

최근의 통계(91년 2/4분기)에 의하면 서울의 가구당 평균 월 소득액이 110만 원 정도라고 하는데, 이것은 농촌의 그것과 비교해 보면 몇 곱절이나 차이가 나는 것이다.

한편 채소류나 기타 특용 작물을 경작하는 경우도 사정은 마찬가지다. 수확기가 되면 대도시의 투기꾼들이 떼거지로 몰려다니면서 밭

떼기로 사들이는 이른바 입도선매를 하면서 값을 후려치고 정부에서는 가격이 오를 것 같으면 수입으로 공급량을 늘려 가격을 내리게 하는 바람에 농민들만 실의에 빠지게 한다.

한마디로 농사를 지으며 살아가는 데 아무런 즐거움도 없고 벌이는 커녕 인건비조차 나오지 않는다는 것이다. 이러한 실정이고 보니 젊은 남녀는 물론 나이가 지긋한 중년 부부들도 아이들을 이끌고 도회지로 나간다. 단칸방 얻을 돈만 있으면 살아가는 데 큰 어려움이 없기 때문이다. 서울의 예를 보면 조그만 공장에 들어가더라도 월 평균 30~40만 원의 벌이가 가능하고, 기술이 없는 중년 부인의 경우 식당 같은 곳에 허드렛일을 해도 월 40~50만 원은 거뜬히 벌 수 있으며, 막노동을 할 수 있는 중년 남자라면 하루에 3~4만 원은 보장되니 지금까지 땀 흘리며 땅을 파던 일이 차라리 후회스럽기도 할 것이다.

자신들은 비록 힘들고 고생스럽더라도 자식들에게 매일 우유 한 잔씩 먹일 수 있고, 시골에서는 생각조차 할 수 없었던 유치원에도 보낼 수 있게 된 것이다. 어차피 고생하며 살아갈 바에야 벌이도 괜찮고 교육 환경도 좋은 도회지로 생활 기지를 옮기는 것이다.

그래서 농촌에는 사람이 계속 줄어든다. 간혹 노부모를 그냥 두고 떠나지 못하는 효성 때문에 어쩔 수 없이 땅과 씨름하는 총각들이 장가를 들지 못해 한숨만 쉬고 있다는 소식도 많이 들린다. 이런 상황에서는 냉정하게 생각건대 농촌에 남아 있을 명분이 없다. 땀 흘린 노동의 대가가 터무니없이 낮은 이유요, 도시처럼 마음만 먹으면 향유할 수 있는 여러 가지 문화 혜택을 받을 수도 없는 이유다.

당대에서는 못 벗는 지게를 후세에게는 물려주지 않기 위해서도 시골보다 넓고 시설 좋은 도시의 학교에서 자식들을 가르치고 싶다, 비록 낮에는 일터에서 힘든 일을 하더라도 아침저녁에는 남들처럼 구두도 신어 보고 멋진 옷도 입어 보고 싶다, 간혹 한 달에 한 번쯤 쉬는 날이면 산골짜기라도 올라가서 그새 먹고 싶었던 삼겹살에 상추쌈을 곁들이고 싶은 소박한 만족감도 갖고 싶다 등 떠날 이유는 수없이 많다.

지금은 어쩔 수 없이 고향을 지키는 노인들도 언젠가는 세상을 떠나실 것이다. 그때는 더더욱 큰일이다. 농촌을 지킬 사람이 없어진 것이다.

그러나 여기에 대한 대책의 소리가 들리지 않는다. 간혹 농촌 출신의 선량들이 국회에서 몇 마디 떠들다가 체면치레라도 했다는 만족감으로 끝나고 만다.

그러면 과연 심각한 농촌의 장래에 대한 묘책은 없는 것일까? 있을 것이다. 단지 워낙 방대하고 복잡한 문제이기에 엄두가 나지 않는 것이 아닌가 싶다. 누군가 비장한 각오로 나서야 한다. 물론 농촌 문제를 다루는 기관이나 단체가 많은 것으로 알고 있지만 문제 제기만 하고 마는 느낌이다. 뚜렷한 방향(方向) 제시가 없다는 것이다. 결국 이것은 정부의 수장(首長)이 팔을 걷고 과감히 나서야 한다. 일국의 전체적인 부가 신장된다고 그 나라가 잘사는 것은 아니다. 모든 계층, 모든 지역이 평준화되어야 한다. 이것이 쉬운 일은 아니지만, 필자의 의견은 다음과 같다. 전문가가 아니기에 구체적인 실행안은 나올 수가 없고 혹시 저촉될지도 모르는 법령을 무시된 것임을 전제로 한 피상적인 생각이다. 하도 답답하고 걱정스러워 생각해 본 탁상공론일 수도 있다. 그런데도 불구하고 외쳐 보고 싶은 것이다.

첫째, 정부의 강력한 의지를 요구하고 싶다. 그래서 정부의 재정에 어떤 희생이 오더라도 농산물의 가격이 노동에 대한 대가 이상으로 농민에게 돌아가야 한다는 것이다. 듣기로는 벌써 정부의 양곡 적자가 수조 원에 이르고 있어 골치를 썩이고 있다 하나 이것은 정책적으로 해결이 되어야 할 문제이다. 또한 농산물의 유통 구조를 과감히 개선하여 엄청난 유통 마진을 생산자에게 되돌려 주어야 할 방법을 찾아야 한다. 그렇게 되면 농사를 돌보는 일에 매력이 주어지게 되고 무작정 도시로 떠난 사람들이 속속 그들의 고향으로 돌아가게 될 것이다.

둘째, 지방 자치 제도도 부활되었으므로 현재의 중앙 집권적인 행정 체제가 지방 분권화로 과감히 이양되어야 한다. 서울이나 대도시의 관청에서 일을 보기 위해 모여드는 사람 때문에 교통이 복잡해지고 음식점이 늘고, 여관도 생기는 등 그 파급 효과가 결국 도시를 비좁게 만드는 데 일조하고 있다. 이런 일이 없어질 때 농촌 지역을 중심으로 한 소도시가 활성화되어 결국 농촌과 인근 도시의 일체화를 만들 수 있지 않나 싶다.

셋째, 교육 기관의 과감한 지역 이전을 생각할 수 있다. 선진국의 예를 보더라도 유명한 대학을 수도나 대도시에 집중시키지 않는다. 오히려 명문 대학은 시골의 전경이 좋은 곳에 깊숙이 자리 잡고 있다. 따라서 여러 가지 마찰이나 어려움이 예견되더라도 농촌을 살리는 대승적인 차원에서 유명 대학이나 중 · 고등학교를 경관이 좋은 시골로 이전하여 거기에도 소위 일류 대학이 있는, 그래서 많은 사람들이 그곳에서 생활하고 오가는 정류장의 역할을 하면 페허가 된 농촌에도 생기가 솟고 활력이 넘치게 될 것이다.

중 · 고등학교를 옮긴다 하더라도 크게 걱정할 필요가 없다고 본다. 왜냐하면 학생들에게 통학 편의만 제공해 주면 오히려 맑고 깨끗한 환경이야말로 그들이 더욱 학문에 전념하고 뛰놀 수 있는 전당이 될 수 있으리라 본다.

이상으로 말한 것 외에 다른 여러 가지 대책이 많을 것이다. 문화시설이나 공공 기관을 대폭 농촌으로 이전하는 것도 생각할 수 있고 영농(營農)의 집단화를 통하여 농업 비용을 절약하고 거기에서 생긴 차액이 농민에게 돌아가는 방안 등 연구하면 실현 가능한 많은 개선책이 나올 수 있다. 결국 농촌에 대한 집중 투자가 이루어져 많은 사람이 모이게 되면 그곳에 일터와 일거리(用役)가 발생되어 농촌 사람들도 도시 사람들 이상의 긍지와 자부심을 갖고 열심히 살아갈 수 있을 것이다.

물론 이러한 계획을 실현키 위해서는 방대한 계획과 천문학적인 비용이 소요될 것이며, 수 년 내에 해결될 문제도 아니다. 그러나 그렇다고 모두들 걱정만 하고 수수방관하고 있다면 우리의 농촌은 꿈이 사라진 황량한 벌판으로 변해 갈 것이 뻔하다.

시골은 우리의 마음의 고향이다. 우리의 선조와 부모 형제들이 그곳에서 태어나서 땀 흘리며 가꾼 영원한 고향이다.

죽으면 고향으로 돌아가야 할 우리의 영혼을 위해서라도 백년대계의 긴 안목이 필요하며, 그것이 지금 가시화되어야 한다. 사람은 태어나서 서울로 가야 한다는 말이 옛 전설처럼 들릴 때가 우리 후손부터라도 반드시 와야 한다.

이러한 모든 것이 환상으로만 끝나지 않기를 간절히 바라지만, 아무튼 지금의 현실이 안타깝기만 하다.

1990. 3.

09

무제(無題)

"이봐, 자네 머리 큰 친구. 나 좀 보게나."

"왜 그러시유, 성님? 심사도 편치 않은데."

"자네나 나나 목숨도 며칠 남지 않았는데 심사가 편할 리가 있겠나마는 우리 이야기 좀 하세. 우리가 아까 이 배를 탈 때는 하도 기가 막혀 어디로 가는지 아예 듣고 싶지도 않았지만, 알고는 가야지 싶네. 그래 우리가 가는 곳이 도대체 어디라던가?"

"아! 거기도 모르우? 거기 있잖우, 몇 년 전에 올림픽인가 뭔가 치렀다는 그 토끼 모양처럼 생긴 동네 말이유. 그것도 그 쬐끄만 땅덩어리가 가운데는 철조망을 쳐 놓고 두 동강이 나 있다는데, 우리는 그 남쪽으로 간다지 않았수. 아까 그 선장인가 뭔가 하는 모자 쓴 녀석이 말이유."

"듣고 보니 나도 한두 번 신문에서 읽은 것 같구먼. 얼마 전까지만 해도 매일 길거리에서 학생들하고 경찰들이 싸움질하던 그 나라 말이군. 돌멩이다 화염병이다 집어 던지고 하는, 그 시끌벅적한 동네 말이지?"

"맞아유. 어디 길거리뿐이겠수. 지금은 좀 뜸해졌답니다만, 공장에서 일하는 사람들도 일은 뒷전이고 월급 더 올려 달라고 북을 둥둥 쳐댄다는 그 동네 아니어유?"

"그런데 우리야 팔려가서 죽을 신세지만, 그 동네가 그렇게 먹을 것이 없어 우리 같은 영물을 먹는대?"

"성님은 모르시는구먼요. 우리 옆 칸에는 우리보다 뛰고 나는 견공도 있어유. 그들도 우리처럼 팔려가는 신세가 된 거지유."

"아니 그 동네는 쌀도 다 떨어진 건가? 왜 그놈들은 국산품은 안 먹고 수입품만 좋아한대?"

"쌀? 모르는 소리 작작 하슈. 그 동네는 쌀이 넘쳐 창고에서 푹푹 썩어가고 있대유. 그 사람들이 쌀을 잘 안 먹는대나 봐요. 요새는."

"아니, 그럼 뭘 먹고 살길래 쌀이 푹푹 썩어 자빠졌대?"

"그 사람들 요새 서양 사람들 닮아가느라고 그런대유. 아침에는 커피인가 뭔가 한 잔으로 때우고 점심은 햄버거라던가? 빵 사이에다 고기를 넣어 먹는 음식이래유. 그것도 서양에서 지은 이름으로 팔면 더 잘 팔린대잖아유. 그런데 그 이름만 사용한 값을 미국 돈으로 엄청 준대유. 그 사람들 그런 것을 알고나 먹는지 우리가 신경 쓸 일 아니지만 낭비치고는 심한 낭비지유."

"아니 우리보다 덩치가 몇 배나 큰 인간들이 그걸 먹고 어떻게 견딘대? 배가 고파서 어디 일이나 하겠어?"

"요새는 종전처럼 일을 많이 않는대잖아유. 그러고도 저녁에는 비싼 음식점으로 몰린대나 봐유. 뭐라더라, 아! 다이어트라고 그랬지. 맞아유. 일은 않고 먹기만 하니까 살만 쪄서 고민이래유. 그래서 고급 음식으로 쬐금만 먹는 영양식만 한대유. 그러니 쌀이 남아돌아 북쪽으로도 보낸대잖아유."

"그것 참 이상하네. 내가 듣기로는 그 사람들 한때는 쌀은커녕 죽도 못 먹어서 생보리를 껍질만 벗기고 삶아 먹기도 했다는데 언제 그렇게 부자가 되었대?"

"맞아유. 그 사람들 한때는 고생 무척이나 했지유. 그때는 코쟁이 나라에서 강냉이 가루하고 우유 가루 얻어다가 배 채웠다는 사람들이지유. 그러다가 똑똑한 군인 한 사람이 들고 일어나서 잘살아 보자구 외쳤대유. 그 군인은 너무 오래 한 자리를 지키다가 자기 부하한테 총 맞아 저세상으로 갔다지만, 여하간에 피땀 흘려 일을 했대유. 그 사람들 원래 부지런한 사람들이라 금방 일어섰대유. 처음에는 빚도 많이 얻어 걱정들도 많이 하는 눈치더라구요. 그러나 성공한 셈이지유. 지금은 살기가 괜찮은가 봐유. 그런데……"

"그런데?"

"아, 성님도 왜 말을 가로막아유. 나도 숨 좀 쉬고 말할래유. 그런데 말예유. 그 동네가 지금이 문제래유. 그 사이 모두 열심히 일한 덕분으로 돈도 제법 벌기는 했지만, 예전처럼 일을 열심히 않고 쓰기만 한대유. 옛날에는 은행에다 돈도 맡기고 애껴 쓰던 사람도 지금은 일요일만 되면 밖으로 놀러만 간대유. 그것도 자가용을 타고유. 아 그 사람들이 자동차 탈 생각이나 했겠시유? 몇 년 전만 생각해두요?"

“그 동네는 기름 한 방울도 안 나오는데두?”

“그래유. 전부 달러 주고 사서 쓰잖아유. 그런데두 요새는 자동차 사기 시합이 붙었는지 너두나두 막 사대는 바람에 자동차 공장에서 차가 딸린대유. 그것도 큰 차 사기가 더 힘들대유.”

“이 친구야, 자네가 남의 동네 기름 걱정, 자동차 걱정하게 생겼어? 그래 그 이야기는 그만하고 다른 이야기나 계속하게.”

“아, 성님도 하던 얘기는 마저 해야지유. 잠자코 듣기나 해유. 그래서 그 동네 사람들이 자꾸 쓰기만 하니까 몇 년만 있으면 쓸 돈이 없지 않겠어유. 자꾸 놀고 쓸 생각만 하니께유. 그래서 지금 그 나라가 난리래유. 다시 정신 바짝 채리자고 높은 양반들이 설치고 방송국에서도 그러지 말자고 계몽을 한대나 봐유. 그런데도 아직은 옛날처럼 어렵고 힘든 일은 잘 안 하려 드나 봐유.”

“자네 참 많이 알고 있군그래. 나는 덩치만 컸지 일자무식꾼이야. 그래 그 높은 양반들 이야기가 나왔으니까 하는 말인데, 그 뭐냐 그 사람들은 말만 그럴싸하게 앞세우고 즈네들은 엉뚱한 짓만 한다던데. 또 그 뭐냐 우리들 놀이터를 싹 깎아 버리고는 거기서 긴 막대기 후려치는 것. 골프라던가 그 짓거리나 하고, 사업하는 사람들한테 돈이나 뺏어 비행기나 타고 다닌다면서?”

“맞아유. 그렇대유. 성님도 잘 아시는구먼요. 그 거짓말 잘 하는 사람 이야기가 나왔으니께 내 우스갯소리 한 번 할께유. 산중에서 스님 두 분이 우연히 마주쳤대유. 서로 합장을 하고는 좀 쉬어 가기로 했대유. 이런저런 이야기 끝에 자기들이 기거하는 사찰 자랑을 했대유, 한 스님은 자기가 뒷간에 앉아 볼일을 보고 돌아와 법당에서 정좌를 할 때쯤이면 퉁 하고 소리가 날 정도로 절간이 크다고 자랑을 했대유. 나머지 한 스님은 절이 워낙 크다 보니께 자연 식솔도 많아 국을 끓이는 솥이 큰 집채만 했대유. 그래서 솥 가운데다 작은 배를 띄워 놓고 거기서 국을 퍼서 스님들에게 나누어 드린대요. 점잖으신 스님들 허풍이 우습기도 하지만 재미있잖아유. 성님도 알다시피 우리가 제일 존경하는 인간 중에는 스님밖에 더 있어유. 살생을 안 하는 것이 그 분들의 법도니께 말이유. 차라리 스님들의 이런 허풍은 심심풀이로 했을 우스개지만 아까 얘기한 그 높은 양반들은 타고난 거짓말쟁이에다 즈네들 욕심만 채우는 인간들이 아니고 뭐냐구유?. 물론 다 그렇지는 않겠지만유."

"자네, 정말 재미있는 친굴세. 그래 그건 그렇구 진짜 궁금한 게 있다네. 도대체 그 인간들이 왜 우리를 못 잡아먹어서 안달이냐 이거야. 자네 말대로라면 먹을 것이 남아돈다는 그 동네에서 뭐가 부족해서 우리를 먹이로 하느냐 이거야. 옛날 대동아 전쟁인가 큰 소란이 났을 때는 그야말로 먹을 것이 없어서 인간들이 나무껍질과 뿌리까지 캐먹다가 나중에는 우리 조상들까지 몰살을 시켰잖은가? 그래 배가 고프면 그것은 이해가 간다구. 자네는 알고 있겠지? 인간들이 왜 우리를 잡아먹는지를?"

"성님 참 딱하시구먼유. 덩치만 컸지 정말 뭘 모르시니. 아 글쎄 돈 많고 할 일 없는 그 한량들이 할 짓이라곤 뻔할 뻔자 아니에유. 돈은 있구 나이는 들어가니 남자구실이 시원찮다고 죄 없는 우리들을 잡아먹는 것이라구유. 우리 몸뚱아리 삶은 국물이 거기에 그렇게 좋대잖아유. 그러니 그 동네는 우리 같은 영물이 씨가 마를 정도로 작살이 난대유. 그것뿐인 줄 알아유. 우리가 제일의 요리로 치는 개구리까지도 즈네들 몸뚱아리에 좋다구 아이 어른 따질 것 없이 잡으려 다니는 바람에 그 동네 사는 우리 친구들은 먹을 것이 없어 영양실조가 될 정도래유. 그러니 그네들이 어디 인간이라 하겠시유. 짐승보다 더 못한 흉물이지유."

"아니, 여보게. 우리 몸뚱아리가 남자들한테 좋다는데 우리가 뭐 산삼 뿌리 먹고 사는가? 물이야 좋은 물만 먹기는 하지. 그 맑은 아침 이슬 하나만은 특급이지만, 우리야 주식이 들쥐나 개구리 정도 아닌가. 그리고 한심한 것은 왜 그 동네 사람들만 우리 몸뚱아릴 좋아한대? 코 큰 녀석들은 우리를 거들떠보지도 않잖아. 그것도 그래. 우리는 즈네들 농사 망치는 들쥐를 보는 대로 잡아먹는데 그 은공은커녕 즈네들 몸보신하는 데 우리를 이용하다니 진짜 배은망덕한 인간들 아닌가? 또 말이야, 내가 신문에서 봤어. 어떤 의사가 우리 몸뚱아릴 분석했다는데 지방질하고 단백질 밖에 없대잖아. 아 지방하고 단백질이라면 소고기, 돼지고기 처먹으면 될 일이지, 하필 우리 같은 영물에 눈독을 들이느냐 이거야? 우리 얼굴에 침 뱉는 얘기지만, 사실 우리가 잘난 게 뭐 있어. 색깔이 그럴듯해? 얼굴이 예쁘기나 하느냐 말이야?"

"누가 아니래유. 그 사람들은 의사 말도 듣지 않는 모양이유. 어쨌거나 그 인간들은 여자들한테 힘쓰는 데 좋은 것이라면 가리지를 않는다니 의사 말이 무슨 소용 있겠수."

"의사 말은 듣지 않으면서 그 인간들 의사는 되게 좋아한다던데?"

"맞아유. 그 인간들 자식새끼 낳으면 전부 의사래유. 그렇지만 그게 어디 마음대루 되나유. 의사도 머리가 있어야지 아무나 되는 게 아니잖아유. 그러니까 남자가 의사만 되면 걱정이 없대유. 혼인하자구 중매쟁이가 줄을 서고 성사만 되면 여자 측에서 그 뭐유 큰 아파트도 사 주고 자가용에다 한 살림 차려 준대잖아유."

"그래, 그건 그렇고 또 하나 궁금한 게 있다네. 그 동네에서 우리를 돈 주고 사 가려면 무슨 허가를 받아야 할 것 아닌가? 그 못된 인간들이 높은 양반들한테 이야기만 하면 허락을 해 주나? 가령 식용으로 수입한다고 하면 도장을 찍어 주느냐 말이야?"

"참, 성님은 순진도 하슈. 나라도 체면이 있는데 무조건 도장 찍어 주나유. 우리를 사 가는 인간들이 머리가 비상하대유. 그 인간들은 우리를 즈네 동네에 들여다가 무슨 생태 연구를 하고 실험을 한다구 거짓말하여 도장 받는대유. 알겠시유? 인제 그건 그렇구 성님은 죽어도 쉽게 죽으니 좋겠수. 나는……"

"아니, 이 친구야! 죽으면 죽는 거지, 쉽게 죽고 어렵게 죽는 게 따로 있나. 도대체 그건 또 무슨 소리야?"

"성님은 그래도 끓는 물에서 조금만 고생하면 끝이잖수. 나는 말이유, 모가지를 비틀고 별놈의 짓거리를 다하여 피까지 토하게 하고 몸뚱아리는 썩혀서 굼벵이가 생길 때까지 그대로 둔대유. 그러고는 영계라는 닭 새끼한테 쪼아 먹혀 고스란히 개죽음을 당하지 뭐예유. 며칠 후에 그 인간들이 또 그 영계를 삶아 먹는대나 봐유. 아이고 내 팔자야. 성님 이거 원통해서 살겠어유? 옆 칸에서 왕왕거리는 견공들도 우리 같은 개팔자에 개죽음을 하겠지만 말예유."

"자네 그런 얘기는 어디서 들었는가?"

"성님, 내가 누구요. 누리 친구들이 저 방콕이라는데 많이 살고 있잖아유. 걔들이 인간들한테 끌려가서 그렇게 당했대잖아유."

"정말 한심한 인간들일세. 그 인간들 우리보다 더 독한 독사들일세. 어찌 인간의 탈을 쓰고 그럴 수가 있대? 그런데 도대체 그 동네 인간들은 모두 다 그 짓거리를 한다던가?"

"그렇지는 않나 봐유. 땅 가진 촌놈들이 갑자기 벼락부자가 된 인간도 있고 또 땅 장사로 떼돈을 번 졸부들도 많은데 그중에 무식쟁이가 많대유. 그 무식쟁이 중에도 색을 밝히는 인간들이 그런대유. 그런데 우리를 처먹은 그 인간들이 죽을 때는 눈깔이 우리처럼 된대나 봐유."

"그건 그 인간들이 벌 받은 거지 뭐."

"맞아유. 성님 그건 그렇고 우리 내일모래 죽을 몸인데 성님하고 나하고 사랑이나 하다 죽읍시다. 그리고 우리 핏속에 에이즈가 뭔가 하는 거 만들어 넣읍시다. 그래서……"

"예끼, 이 친구야. 아무리 우리가 못난 짐승이지만 벌 받을 짓은 왜 해."

"아이구 성님도 참, 아니 우리 사이에 농담도 못 하나유."

"농담이라도 그렇지, 이 친구야."

"미안해유. 그리고 성님 우리 이 담에 죽어 다시 환생을 하더래도 그런 치사한 인간으로 태어나지 말자구요. 성님 내 말이 맞지유? 안 그래유? 아니 성님 왜 말이 없시유? 아니 지금 울고 있는 거예유? 성님!"

1990. 5.

10
다불유시(多不有時)

잠깐 유머 한 토막.

등산을 끝내고 하산하던 어떤 사내가 산골 동네 어귀에서 이상한 노인을 보게 된다.

한복을 차려입고 하얀 수염을 길게 늘어뜨린 어떤 노인이 낡은 판자문을 열고 나오는데, 그 자태가 범상치 않아 보였다. 궁금증이 솟아 그쪽으로 다가서니 판자문 앞면에 한자로 다불유시(多不有時)라고 적혀 있다. 이게 무슨 뜻인가 하고 속으로 헤아리길, 시간은 있으나 그렇게 많지는 않다?

이 노인이 혹시 운명 철학을 연구하는 분인가 싶어,

“어르신! 결례인 줄 아옵니다만, 제게 시간을 좀 내어 주시면…”

하자 노인이 말문을 막으며,

“이보게, 젊은이. 이 늙은이가 남아도는 게 시간일세. 마침 속이 불편하여 잠깐 볼일 좀 보고 나오는 참일세. 그런데 내게 무슨 할 말이라도 있는가?”

물론 우스갯소리다. 영어로 WC를 소리 나는 대로 옮겨 쓴 한자가 多不有時였던 것이다. WC는 세계만방의 공통어로 쓰이는 화장실의 약자이다.

WC를 꺼냈으니 화장실에 관한 이야기를 해 보려고 한다.

지금부터 3~40년 전만 하더라도 화장실의 모습은 초라하기 그지없었고 비위생적이었다. 따라서 기거하는 곳과는 떨어져 있었기에 흔히 "뒷간"이라 불렀다.

경상도나 전라도에서는 구시, 통시, 측간, 정랑 등으로 불리다가 그 후 변소, 화장실로 격상되었다 한다. 조선 시대에는 상류층에서는 측간, 서민층에서는 뒷간으로 불렀다 하고 사찰에서는 널리 전해진 대로 해우소(解憂所)라 했다.

서양에서는 powder room(특히 여자들이 이곳에서 화장을 한다고 해서 붙여진 듯), WC(water closet), toilet, wash room 등으로 불린다. 미국에서는 속어로 John이라고도 한다는데 이 이름이 너무 흔하여 약간 비하하는 의미로 쓰였다 한다.

요즘 화장실 시설은 눈부시게 진화하였다. 우리나라의 지하철 역사나 공원, 고속도로 휴게소, 관공서 등지에 있는 화장실은 거의 호텔 수준이다. 꽃이나 화분과 더불어 상쾌한 향수까지 뿌려 놓은 곳도 있고, 화장실 내에 센서를 설치하여 실내로 들어서면 클래식 음악까지 들려주는 곳도 있다. 그러나 이렇게 격상된 화장실 수준에 걸맞게 우리들의 공중도덕이나 인격도 향상되었는지는 의문이다.

길거리에 거리낌 없이 침과 가래를 뱉고, 주행하는 차 속에서 창밖으로 내던지는 담배꽁초, 지하철에서 다리를 꼬고 앉아 큰 소리로 전화에 매달린 사람, 움직이는 에스컬레이터 한쪽으로 달리기하듯 뛰어가면서 옆 사람의 어깨를 치고 나가는 사람들……

어찌 지적할 것이 이것뿐이겠느냐마는 이런 몰지각한 행위를 자라나는 우리 아이들이 그대로 본받는 것이 큰 문제다. 국민 소득만 높다고 선진국 되는 것은 절대 아니다. 국민 의식의 향상과 도덕성을 제고하는 것이 보다 더 중요한 가치다.

우리 모두 아늑하고 깨끗한 多不有時에 앉아 참회하고 다짐하자.

"이제 우리도 사람같이 삽시다."

2011. 1.

11

유머 두 토막

(1)

엇박자 대화

어떤 경상도 아줌마가 정류장에서 버스를 기다리고 있는데 마침내 기다리던 노선 번호가 눈에 보이자,

"왔데이"하며 걸음을 옮기려 하는데 우연히 옆에 서 있던 외국인이 부드러운 목소리로

"Monday(먼데이)"하니까

"버스데이"하고 아줌마가 되받는다. 그러자 그 외국인은

"Oh! Congratulation"하면서 미소를 띄운다. 그러거나 말거나 아줌마는

"간데이"하며 버스를 타고 떠났대나 어쨌다나. 그 외국인은 "왔데이"를 What day로 "버스데이"를 Birthday로 오해 했던것…….

(2)

(공자의)논어 위정편에 우리에게 익숙한 글귀들이 있다.

15세 지학(志學) 배움에 뜻을 두는 나이

20세 약관(弱冠) 성인이 되는 관례를 치르는 나이

30세 이립(而立) 자립하는 나이

40세 불혹(不惑) 미혹되지 않는 나이

50세 지천명(知天命) 하늘의 명을 깨닫는 나이

60세 이순(耳順) 남의 말을 조용히 받아들이는 나이

70세 종심(從心) 마음이 원하는 바를 따라도 법도에 어긋남이 없는 나이

그런데 언젠가부터 한국인이 6~70세 사이에 새로운 글귀를 삽입하였다.

65세 지공(地空) 지하철을 공짜로 타는 나이

2010. 1.

12

애국자는 여기 있소

(1)

매일 거리를 휩쓸고 다니는 일이 나의 직업이야. 무슨 유명 인사나 운동선수처럼 거리를 휩쓰는 것이 아니고 이른 아침부터 길거리를 쓸어 나가는 청소부야, 나는.

명함 같은 것은 필요도 없지만, 꼭 그것을 만들어야 한다면 ○○구청 청소과 정만달이라고 해야겠지. 그러나 나뿐만 아니라 나와 같은 직업을 가진 어느 누구도 명함 같은 것은 만든다는 소리는 들어 본 일이 없어.

내가 명함이 정말 흔해 빠졌다는 것을 느낀 것은 길거리를 쓸기 시작하고 몇 개월이 지나서였어. 빗질을 해도 바닥에 껌처럼 딱 들러붙어서 잘 떨어지지 않는 하얀 마분지 사각형의 그것이 짜증나게 했는데 특히 전날 밤에 비라도 뿌린 날은 더욱 심하지.

내가 내 할 일도 바쁜데 구태여 그 명함들을 주워 일일이 들여다볼 이유도 없었지만, 어느 날 내 발바닥에 밟히는 무수한 명함들에 적힌 사람들의 직업이 도대체 무엇일까 하는 궁금증이 솟더라구. 그래서

요 며칠 동안 보이는 대로 손에 집어 내가 담배 한 대 피면서 앉아서 쉬는 넓직한 돌팍 밑에 그것들을 쌓아 놓았는데 그게 벌써 30장이 넘게 되었어.

드디어 어느 날 아침, 작정을 하고 그 돌팍 밑에 있는 명함들을 읽었는데, 제일 많이 눈에 띄는 것이 무슨 "나이트클럽" 상무, 부장, 지배인 등 높은 사람들이더군. 그런데 금방 들어도 알 수 있는 가수 이름이나 홍길동, 이도령 등 고전 소설에 나오는 주인공 이름이 적혀 있는 점이 내게는 조금 이상하게 느껴지더라 이거야.

또 이름 석 자와 전화번호만 달랑 적어 놓은 것도 있었는데, 그런 것은 한결같이 여자 이름 같더군. 그런데 이름을 작명가에게 부탁하여 지은 것인지, 무식한 내가 보아도 고상해 보이더라구. 예를 들면 오혜진이라든가 혹은, 설아, 현주, 윤정 등등 성은 없고 이름만 적혀 있는 것들도 있더라고. 이런 명함으로는 그들의 직업을 알 길이 없고 나는 무심코 한 장을 집어 주머니에 넣었어. 나중에 나보다 7살이나 아래인 박 씨에게 한 번 보여 주고 이런 애들은 무슨 일을 하는지 물어보려구. 그 녀석은 모르는 게 없거든. 우리는 궁금한 게 있으면 하나같이 그 녀석한테 달려가서 물어 보는 게 공식처럼 되어 있어.

그 다음으로는 자동차 장식을 해 주는 "카센터" 안내 명함, 싼 이자로 돈을 빌려준다는 돈놀이하는 자들의 명함, 또 대리 운전을 해 준다는 것도 있었고, 회사에 다니는 평범한 사람들의 명함도 있더라고.

어쨌거나 명함에 적힌 직업들이 각양각색이었는데, 나 같은 이는 하필 그 흔한 명함 하나 찍을 수 없는 직업을 가졌을꼬 하고, 담배를 한 대 피워 물었어. 그런데 말이야, 우스운 사건이 하나 생겼어. 그날 저녁에 옷을 갈아입고 밖으로 잠깐 나가려는데 여편네가 갑자기 다짜고짜 나를 좀 보자는 거야. 무슨 영문인가 싶어 방으로 들어가는데, 아니 글쎄 마누라가 눈구멍에 쌍심지를 켜고 닦달을 하는 바람에 기겁을 하고 말았어.

아. 글쎄 아까 아침에 무심코 주머니에 집어넣은 그 명함을 끄집어 들고는 영감태기가 죽으려고 환장을 했다느니 딴짓거리 할 돈 있거든 전세방 얻는 데 보탤 일이지 하며 난리를 치지 않겠어?

형광등 같은 느린 내 머리지만 나는 늦게나마 그 명함에 적힌 여자들의 직업이 대충 감이 잡히더라구. 그때서야 나도 아차 하였는데 생각을 해 보라구. 아니 내 주제에 그런 일이 말이나 되는 짓이야? 그럴 돈도 없지만 설사 있더라도 그런 팽팽한 애들이 나 같은 쭈그랑 영감태기를 쳐다나 보겠어? 아무리 돈이면 안 되는 일이 없다지만 말이야. 그렇지만 의심을 받을 일을 왜 했나. 하도 어이가 없어 나는 차라리 허허 하고 웃고 말았는데, 너무나 태연하고 태평한 내 모습에 마누라도 미안한 표정을 짓더라구. 그러고는 “아니, 영감 눈에 이까짓 게 돈으로 보입디까? 그래서 집어넣고 온 게유?” 하고 수그러들더라구. 오래 살다 보니 별일도 다 생기더라 이거야. 나한테 아무 쓰잘데기 없는 남의 명함 구경 한번 하다가 팔자에도 없는 한량(閑良) 처지 될 뻔 했는데 지나고 보니 기분이 그렇게 나쁘지는 않더라구. 나도 아직 남자는 남자구나 싶기도 하고 말이야.

(2)

바람이 쌩쌩 부는 겨울도 그렇지만 늦가을은 지겨울 정도로 싫어하는 계절이야. 이건 도대체가 금방 쓸고 나면 우수수 떨어지는 낙엽바람에 허리 한번 제대로 펴지 못하게 하는 데는 한숨마저 나오지 않을 지경이야.

남들은 가을이면 단풍 구경을 간다느니 낙엽을 밟는다느니 야단법석을 떨지만, 내겐 그 소리가 역겨워 울화통이 터질 것 같다구. 나처럼 하루만 이 짓 하면 몇 년은 낙엽 소리 입 밖에도 나오지 않을 것이야. 글쎄 시(市)에서는 왜 가로수들을 이렇게 널찍하고 큰 놈만 심어놓았는지 원망스럽기도 하다구.

내 신세타령 해 봤댔자 내 못난 탓을 다시 확인하는 꼴이니 더 이상하기는 싫어.

차 몰고 다니는 족속들도 보기 싫어 미칠 지경이야. 그냥 차만 몰고 가면 누가 뭐래. 웬 놈의 크락숑인가 뭔가는 그렇게도 소리가 큰지. 이젠 귓구멍이 울려 웬만한 소리는 잘 들리지도 않아.

자동차 검사하는 곳도 그래. 검사를 하려면 철저하게 해야지. 어떤 고물차는 새까만 연기를 잔뜩 내뿜고 덜덜거리며 내빼는 통에 목구멍이 따가워 그렇잖아도 시원찮은 기관지가 검정 물로 범벅이 된 기분이야. 이놈들아 그것을 자동차라고 끌고 다니느냐? 고물 쇳덩어리지. 검사하는 녀석들이 돈을 받고 눈감아 준 게 틀림없어. 어찌 저런 낡아빠진 것을 자가용이라고 타고 다니는 꼬락서니 하고는. 그런 차는 나도 한 대 부릴 수 있겠다, 이놈들아!

저런 녀석들이 꼭 창밖으로 꽁초나 종잇조각을 내던지기나 하고, 제 주둥아리에 처넣은 음료수 깡통은 왜 또 밖으로 내던지는지. 죽일 놈들. 아니, 저 녀석 좀 보소. 재떨이를 아예 길바닥에서 털고 있네. 저런 녀석들 담배꽁초를 보면 반 토막은 아예 피지도 않고 버린 거라구. 게다가 국산 담배도 아니더라 이거야. 내가 알 턱은 없지만 꼬부랑글씨가 쓰여 있으니 외제 담배지 뭐. 그래 맞아. 돈 많고 배운 놈들이 저 짓이니 수입인가 뭔가 늘 수밖에. 내 아무리 궁한 처지이고 장초(長草)가 아깝기는 해도 그런 놈들 것은 입에 대지 않아.

하여간 차들이 빨리 지나가면 재떨이 길바닥에 터는 꼴은 안 볼 텐데, 하나같이 서서 있으니 길 가운데서 저 지랄을 하지.

저놈의 차들 지난 추석에 내려갔을 때 더 이상 못 올라오게 해야 하는 건데, 추석 이야기가 났으니까 하는 말인데, 정말 약삭빠른 장사꾼들도 많더군. 아니 글쎄 귀성 행렬 자동차가 꿈쩍도 않고 서 있으니까 거기서 장사를 하는 녀석들이 한몫 단단히 보더라구. "리어카"에 오징어다, 과자다, 음료수다, 먹거리 나부랭이들을 잔뜩 싣고 와서 길가에 세워 놓고는 식구들을 다 동원했는지 정신없이 왔다 갔다 하는데, 가만히 보니까 곱절 장사를 하더라 이거야. 차 안에서 내다보던 어린 녀석들이 안달하니 애비에미가 안 사 주고 베길 재주가 없는 것 같더라구. 그러니 그 녀석들 세금 한 푼 안 내고, 자릿세도 없이 현찰이 주머니 속으로 쑥쑥 들어가더라니까.

나도 내년 구정 대목에 한탕 해 봐야겠어. 자동차 많이 밀리는 곳은 내가 더 잘 알고 있으니 일단은 유리하지 않겠어? 집구석에 처박혀 있는 할망구하고 막내아들 녀석 데리고 나와 해 보라고 그러지 뭐. 목돈 조금 투자하면 금방 앉은자리에서 두 배가 남는데. 그렇다고 외상이 있는 것도 아니니 할망구를 꼬시면 아마 먼저 나설 것 같기도 해.

그건 그렇고, 차들이 속력을 너무 내며 달려도 나한테는 걱정이야. 지난봄에 동갑내기 강가가 막 달려오는 차에 받혀 즉사했잖아. 그 뒤로 나도 조심을 꽤나 하는데 내가 조심만 한다고 될 일이 아니더라구. 죽기 살기로 달려오는 차를 내가 무슨 재주로 막아. 그 녀석들이 나를 못 보면 끝나는 거지.

교통경찰들이 숨어서 단속을 한다고 말들이 많지만, 내가 볼 때는 그렇게 해야 되겠더라구. 교통경찰이 보이는 곳에 있으면 모두들 제 속도를 지키더라 이거야.

그러면서 지들끼리 불빛을 깜박거리며 서로 알려주더라구. 그럴 때는 협조를 잘하는 데 놀랐어.

간혹 단속에 걸려 딱지 끊었다며 재수 되게 없다고 투덜거리는 녀석도 있지만, 제가 잘못한 거니까 책임져야지 않겠어?

차량 왕래가 좀 뜸할 때는 돈으로 해결하는 눈치더라구. 내가 딱 한 번 오천 원을 건네받은 적이 있는데, 키가 크고 덩치 좋은 그 싸이카 타는 사람 있지? 왜, 나더러 고생한다면서 손을 잡더니 꼬깃꼬깃 접은 오천 원짜리 한 장을 쥐여 주고는 쏜살같이 내빼더군. 알다시피 그 사람들 꼭 안경을 쓰고 다니니까 얼굴이 어떻게 생겼는지 알 수도 없고 고맙다는 인사를 할 겨를도 없었어. 어쨌거나 눈물이 나도록 고맙더라구.

그러나 한편으로는 그 사람도 운전사하고 타협하여 내게 조금 떼어준 것이라 생각하니 시들해지기도 했어. 그들도 월급이 적다는데 뭘 먹고 살겠어. 그러니까 별수 없이 그 짓거리를 하지.

나도 이제 거리 생활 한 2년 했으니까 보직을 바꿔 봐야겠어. 그런데 그것도 빈자리가 있어야 한다던데. 내일이라도 시간을 내어 박 주사라는 이한테 부탁해 봐야겠어. 그런데 이런 것은 누구한테 물어볼 수도 없고, 걱정이야. 부탁하러 가는데 빈손으로 갈 수도 없고 그렇다고 일이만 원을 봉투에 담아 갈 수도 없는 일이 아닌가. 하기사 나도 정씨처럼 가정집 쓰레기 담당으로 가면, 지금보다는 벌이가 월등할 테지. 명절 같은 때는 수입이 제법 짭짤하고 보통 때도 담뱃값하고 소주잔 값은 생긴다고 하더라고. 그리고 폐품으로 모아 파는 벌이도 만만치 않을 테니까 말이야.

인제 이 짓은 정말 못 해 먹겠어. 길거리를 누비며 쓰레기를 삼키는 청소차가 근래 몇 대 보이기는 하지만, 언제 그것으로 다 채우겠어. 또 아무리 그것이 수월하게 해치운다 해도 사람손이 가야 할 곳은 항시 있는 법이니 말이야. 아까도 말했지만 목구멍, 귓구멍이 이제 전부 고장이야. 또 재수 없으면 말 한마디 못 하고 거리에서 횡사할 줄 누가 알아? 그렇다고 가정집 상대하는 것처럼 뭐 떡고물이라도 있으면 또 몰라. 빵빵거리며 빈 깡통이나 내던지고 달아나는 자가용 꼬락서니도 이제 신물이 나서 더는 못 보겠어.

그래, 봉투를 내밀든 말든 그것은 나중에 집에 가서 생각할 일이고 내일 오후에는 꼭 구청엘 가 보자. 그리고 자리를 바꿔 달라고 부탁해 봐야겠어.

그건 그렇고 젠장 그새 언제 그렇게 이파리가 쌓였노. 허리를 굽혀 부지런히 길을 쓸었어. 그리고 뒤돌아보니 제기랄 쓰나마나야. 웬 놈의 화물차가 힘들여 쓸어 놓은 길에 종이 부스러기를 질질 흘리며 도망치고 있어.

예끼 죽일 놈의 인간아!

그러나 나는 금방 체념했어. 그리고 다시 쓸기 시작했어. 내가 아니면 누가 이 짓을 하나? 그래 맞다. 이게 내 팔자고 내 운명이다. 내일 구청에 가는 것도 그만두자. 그리고 고함을 질렀어.

"이 세상에 나보다 더 애국하는 사람 있으면 나와 보라구. 지금 당장 여기로!"

내 목소리에 나도 놀랐지만, 마침 그때 창문을 열고 얼굴을 내민 중년 신사가 씨익 웃으며 껌 한 통을 던지는 바람에 가슴이 덜컹하더라구. 차에 부딪힌 줄 알았어. 손을 연신 흔들며 사라지는 그 사내의 모습과 자동차가 지금은 그렇게 밉지가 않아. 껌 한 통 때문에 그러는 건 결코 아니야.

1994. 5.

• 제 5 장 •

미니 시첩

무제

지난해 여름
올림픽 공원의 광활한 초원
바람개비 쇠붙이 기구의 굉음과 함께
무차별하게 난도질당하는 환형동물의 곡예가 있었다.

올여름
살아남은 자들이 터득한 생존 전략은
한나절이 걸린
시멘트 길 섬으로의 피신이었다.

그 순간
까치 떼들의 잔칫상이 펼쳐지고
바늘에 찔린 듯한 뜨거운 아픔에
시나브로 멀어지는 이승의 기억

내년 여름엔
어떻게 살아남아야 할지가
살아남을 자들의
꼭 풀어야 할 숙제가 아닐 수 없다.

뻐꾹새는 숨어서 운다

자식 버린 어미의 심중을
헤아려 본 적이 있는가.

생전에 쌓은 허물
스스로 허물지도 못한 채

얼음장 같은 가슴을
업보로 되돌려 받고

남의 품에
내 분신을 넘겨야 하는
숙명의
탁란(托卵)

설움에 몸을 떨며
목이 터져라하고

내 새끼
불러 보건만

고해(苦海)의 숲 속에선
무거운 침묵만 흐르고

이 봄
오늘도
뻐꾹새는
숨어서 운다.

매미

전생의 긴 침묵이
그렇게도 서러웠는가

아침 이슬로 끝낸
소박한 조찬

이제
목이 쉬도록 외치는 숙명의 아우성

산야를 뒤흔든
임무가 끝나고

이승을 떠나는
내 육신의 얼개가

여름 방학이 끝난
초등학교 표본실에서

까르르

웃음소리에 묻힌다.

우화(羽化)한 지

겨우 보름 뒤의 일이다.

황혼

해거름 뒤로 두고
쉬엄쉬엄 탑골 공원을 나선다.

장사진 치며 허겁지겁 때운 점심 한 끼
허공 속의 메아리처럼 흔적도 없고

반주로 나눠 마신 소주 반병이
아직도 뒷골을 쑤신다.

무더위에 지친 엿가락 같은 전동차
바닷가 모래톱 마냥 썰물 되어 사라지네.

질곡(桎梏)의 세월은 빈 수레처럼
더디기만 한 먼 길

식어가는 내 가슴은
미망(迷妄)의 늪에서 맴을 돈다.

이윽고
석양에 물든 한강 위로

물구나무를 하고 달리는 네 모습이
모처럼 경쾌하다.

술 익는 내음이 코를 찌르는 경로석 한 편엔
때 이른 주당의 코 고는 소리

새벽이슬 머금고 몸 불린 죽순처럼
넉넉한 그의 콧등이 밉지가 않다.

어디선가 귀에 익은 멜로디가
들리는가 싶더니

드르륵
샛문이 열리고
지팡이를 앞세운
지친 영혼의 행진이 시작된다.

무관심의 흔적이 겹겹이 쌓인
남루한 녹음기의 애틋한 절규에
마지막 남은 지폐 한 장
만지작거리다가

문득 내일 품앗이 할
소주 한 병 떠올라

꼬깃거리던 손길 멈추고
짐짓 아무 일 없는 듯 두 눈을 감는데

무덤 속 길을 가듯
아스라이 사라지는 쓸쓸한 그의 뒷모습이

젖은 눈시울 되어 이 가슴을 짓누른다.

북어

지금
내 추억은 까맣게 타 버리고

더 이상
숨쉬기조차도 버거워

겨우 1%의 수분이
뜨거운 내 가슴을 달래주고 있다.

맞은 편 어물전을
흘끗흘끗

서로를 보듬고
다정스레 얘기를 나누는 옛 친구들

간간이 뿌려주는 소금물을 흡수하며
아직은 늘씬한 몸매를 뽐내고 있다.

아! 옛날이여
내 꿈이 영글었던 드넓은 대양(大洋)

그리고
멀고도 길었던 고해(苦海)의 길

이제
홍진에 찌든 내 육신은

무덤 앞의 주검처럼
하얀 모시로 이승의 자욱을 씻어내고

마침내
난타된 내 영혼은

마지막 시공(時空)의 길목에서
부르르 몸을 떤다.